Tiziana Mattera • Das Elfen-Orakel

W0056125

Tiziana Mattera

DAS
ELFEN-ORAKEL

Tuatha na Sidhe

Die Geschenke des verzauberten Volkes

Aquamarin Verlag

Titel der italienischen Originalausgabe:
Le Carte Degli Elfi
© der Texte und Illustrationen: Tiziana Mattera
Edizioni Il Punto d'Incontro s.a.s
Via Zamenhof 441 • I-36100 Vicenza

© Der deutschen Ausgabe:
Aquamarin Verlag
Voglherd 1 • D-85567 Grafing
Deutsche Übersetzung: Christiana Döhler-Volpi

Druck: Ebner Ulm
ISBN 3-89427-139-6

INHALT

VORWORT 9

Die ELFEN 19
1 - WHOEVER 21
2 - GIPFEL 24
3 - SWAN 27
4 - SANSONNET 31
5 - BAUM 33
6 - HERON 36
7 - KLEID 39
8 - TIYOWEH 42
9 - OWL 46
10 - NIGHTINGALE 49

FEEN 53
11 - ABLOOM 55
12 - SILESIA 58
13 - LEAFY 61
14 - SANTAL 64
15 - WHIFFLE 67
16 - LILY 70
17 - WICKET 74
18 - WISTAIRE 77
19 - STREAM 80
20 - HINDIN 83
21 - BLUME 86
22 - SERENE 89
23 - TWINKLE 92

24 - SEAWEED 95
25 - LAZULI 98
26 - WHISPER 101

KOBOLDE 105
27 - WILLY-NILLY 107
28 - WIDE AWAKE 110
29 - WIMBLE 113
30 - FORELOCK 116
31 - ALLOW 119
32 - TIEGEL 122
33 - JACQUES SOURIRE 125
34 - GÜRTEL 129
35 - GRUMBLE-BARRY 132
36 - STOW 136
37 - CRONY 139
38 - TODDLER 142
39 - WINK 145
40 - WIZEN 148
41 - YORE 152
42 - SPINDLE-SHANKS 155
43 - SPILLIKIN 158
44 - PILGRIM 161
45 - JACK-ROOFING-TILE 164
46 - VOGELFINK 167
47 - JABBER UNCLE 171
48 - LADY-LOBELIE 174
49 - ERDBEER 178
50 - LUST 181
51 - HICCUP 184
52 - COBBLER 187
53 - VOGELFREI 190
54 - ZETTELANKLEBER 193
55 - WIT 196
EINE BESONDERE BEGEGNUNG 199

WIDMUNG

Für meine Eltern Gianni und Anna Maria,
meine Schwestern Adriana und Francesca
und meine Tochter Manuela,
die mich gelehrt haben,
das Wunder der »kleinen Dinge« zu erkennen,
aus dem die Wahrheit der bedingungslosen Liebe lächelt.
Ihre einfühlsame, liebevolle Art ist ein ständiges Licht,
das meinen Weg erleuchtet.

VORWORT

Eines Tages – ich war etwa vier oder fünf Jahre alt – ging ich zu meiner Mutter und bat sie, mir etwas zu tun zu geben, weil ich mich »langweilte«.

Ich kann mich noch gut daran erinnern, wie meine Mutter mich bei der Hand nahm und ans Fenster führte, wobei sie mir sagte, ich solle aufmerksam hinaussehen; danach fragte sie mich, ob das, was ich in diesem Moment sähe, völlig dem gleiche, was ich am Tag zuvor gesehen hatte. Nachdem ich geantwortet hatte, sagte sie mir einfach, wenn ich lernen würde zu sehen, könnte ich mich nie wieder langweilen.

Das war eine einleuchtende Lehre für mich; für meine Seele hatte sich in diesem Moment ein Tor zur Welt geöffnet, das sich nie wieder schließen sollte. Auf schwer festzustellende, aber immer intensivere Weise begann ich eine Bindung zur Welt der Natur und ihren Stimmen zu empfinden und, wenn auch unbewußt, in allem den Gott zu suchen, den ich treffen, erkennen und durch seine Schöpfung lieben lernen sollte. Viele Zweifel begleiteten mich durch meine Existenz, nie jedoch hatte ich Schwierigkeiten, daran zu glauben, daß alles, was mich umgab, belebt war. Und das Leben, das mein kindlicher Instinkt mir zu »spüren« erlaubte, war großartig, vibrierend, machtvoll und freudig – trotz allem, trotz der tausend Schwierigkeiten, mit denen ich zu kämpfen hatte, während ich zu lernen versuchte, mit der Wirklichkeit der – menschlichen – Natur eine Beziehung aufzunehmen. Der kindliche Geist ist von den Strukturen der rationalen Logik frei, durch die die Fähigkeit, die Welt wahrzunehmen, in Definitionen gefesselt wird; er kann sich mit ihr auf einfache und natürliche Weise in Verbindung setzen.

9

Ich habe mich oft gefragt, ob die sogenannte animistische Entwicklungsphase des Menschen, die mit den ersten Lebensjahren zusammenfällt, nicht statt einer Phase, die lediglich mit dem kollektiven genetischen, primitiven Gedächtnis der Menschheit in Verbindung zu bringen ist, vielmehr den Augenblick darstellt, in dem die Seele des Menschen spontan in Kontakt mit der Weltenseele tritt. Es gab eine Zeit, in der der Mensch eine so tiefe Beziehung zur Natur hatte, daß er Zugang zu Realitäten bekam, die den eiligen, unaufmerksamen und egoistischen Blicken des heutigen Menschen verborgen bleiben. Der Kontakt mit der Natur bestand in einer tiefen Erkenntnis und Beobachtung ihrer Erscheinungen, die oft als Hinweise aufgefaßt wurden. Es war eine Sprache, durch die die Kräfte der Natur mit den menschlichen Wesen kommunizieren. Der Mensch näherte sich dieser Welt mit tiefem Respekt; er erlebte sie als integralen Bestandteil seiner eigenen Existenz und als Voraussetzung des Überlebens. Aus den Zivilisationen der Vergangenheit sind uns Zeugnisse ihrer religiösen Überzeugungen überliefert, in denen die sichtbare Welt eng mit der unsichtbaren, spirituellen verbunden, die Natur nicht von der Seele des Menschen getrennt und die Materie nicht dem Geist entgegengesetzt war. Die Völker, die Europa seit grauer Vorzeit bewohnten, haben uns geheimnisvolle Hinweise auf eine Kultur hinterlassen, die uns heute von neuem »neugierig« macht, weil wir das Bedürfnis verspüren, eine tiefere Spiritualität wiederzufinden, die uns wieder zu dem vielleicht weniger »wissenschaftlichen«, aber dafür poetischeren und magischeren Aspekt des Lebens in einer Epoche bringt, in der wir sozusagen unsere Verbindung mit dem Himmel wiederfinden müssen.

Wir entdecken heute in der Kultur der Völker, die einen großen Teil der vorrömischen und vorchristlichen europäischen Zivilisation bildeten und uns unter dem Begriff der Kelten bekannt sind, die »Samen« einer spirituellen und kulturellen Tradition wieder, die dem Gedanken des Menschen an der Schwelle zur Jahrtausendwende viel näher stehen.

Aus dem Nebel, der ihn lange verbarg, kommt heute wieder der Mensch zum Vorschein, der sich in seiner Natur zutiefst mit der Natur des Universums verbunden fühlte, und dessen Seele im Gleichklang mit der Weltenseele schwang. Vor allem aber spürte er im Reich der großen Göttin oder Mutter Erde überall die Manifestation des Göttlichen. Es war die Stimme des Göttlichen, die aus dem Rascheln der Blätter kam, dem Feuer eines

Sonnenuntergangs, dem Wüten des Sturms, dem Rauschen des Wasserfalls oder dem Grashalm, der sich unter den Regentropfen bog. In keinem Aspekt der Schöpfung, so nahm man an, fehlte der göttliche Funken; daher war alles belebt und wurde dementsprechend respektiert. Das Feinstoffliche, das Erste Wesen, das seinen Odem der unaufhörlichen Schöpfung einhaucht, und die Lichtwesen oder Götter, die über die Verwirklichung und Pflege dessen wachen, das die göttliche Liebe auf die Erde gebracht hat, das war es, was der Mensch in der Natur wahrnahm, indem er sich nicht getrennt, sondern als Teil der Manifestation und Feier fühlte. Daher konnte er bewußt in einer harmonischen Zusammenarbeit mit eben diesen Kräften leben, die wir übernatürlich nennen würden (weil wir sie als jenseits der Natur empfinden). Somit gewinnt die menschliche Existenz den Wert des Sakralen; die Religion wird zu einem Modus vivendi, der sich nicht in den scheinbar notwendigen täglichen Beschäftigungen verliert, sondern im Gegenteil aus ihnen die Kraft bezieht, all jene Werte auszudrücken, die der Mensch erkennen und sich zu eigen machen konnte. Die Geschichte zeigt, wie später andere Religionen ihren Platz eroberten und den Wert dieses kostbaren Volksglaubens herabsetzten, so daß die Götter verbannt und als dunkle, dämonische Mächte gefürchtet wurden.

So verloren die Menschen das »Recht«, offen mit der Weltenseele und den Herren des Lichts zu sprechen, die ja bereits das Land der Menschen »verlassen« und sich ins Reich der »Sidhe« zurückgezogen hatten. *Tuatha na Sidhe* bedeutet wörtlich »Leute der Lichtwelt«. Sidhe ist der »verzauberte Berg«, das »außerirdische Reich« der keltischen spirituellen Tradition, Aufenthaltsort der antiken Götter und der Lichtwesen, die uns durch die Jahrhunderte als Feen, Elfen, Kobolde, Zwerge, Luftgeister, Salamander, Dryaden, Nixen u.a. überliefert wurden.

Diese Namen, die durch Märchen und volkstümliche Geschichten so bekannt wurden, gehören zu jenem verzauberten Volk der Götter, das sozusagen gezwungen wurde, im Sidhe zu leben und den Zugang zu seiner Welt durch »Tore« zu verschließen, die in Grotten, Hügeln, Bäumen, Wasserfällen, Seen, Quellen und heiligen Stätten verborgen waren. Diese »Tore« können sich nur zu besonderen Zeiten des Jahres und Momenten des Tages öffnen, um einen Kontakt zwischen unseren beiden Welten zu ermöglichen. Die Tradition der Naturgeister ist, wenn auch unter anderen Aspekten und

Namen, in allen Kulturen der Vergangenheit zu finden, die in Kontakt mit dem transzendentalen Aspekt der Natur selbst gekommen waren, sei es durch schamanistische Methoden, die die Notwendigkeit einer Zusammenarbeit mit den Wesenheiten der Orte und Elemente mit sich brachten (wie z.B. unter den Naturvölkern Amerikas oder der australischen, afrikanischen und amazonischen Ureinwohnerkultur), sei es durch die zahllosen Legenden. Wie auch andere Völker, sind Italien und Deutschland reich daran. In ihrer Erscheinungsform als populäre Kobolde kommen die Geister der Natur darin als ungezogene, rachsüchtige oder mindestens als launische und stets zu Streichen aufgelegte Wesen vor.

Durch den Einfluß, den die eindringenden Kulturen und Religionen auf die damalige europäische Kultur ausübten, wurde die Vision der Wesen, die die Kräfte der Natur pflegen und ausgleichen, nach und nach verzerrt, wobei jede von der neuen offiziellen Religion abweichende Form der Spiritualität verteufelt wurde. Ihr Erscheinungsbild und ihre Bedeutung verloren sich im Dunkeln; schließlich kam es zu einem wahren Verfolgungswahn, der überall Hexen und höllische Monster sah. Dennoch blieb in der bäuerlichen Überlieferung eine Erinnerung an die einstige Spiritualität, wenn auch verändert und verworren, erhalten. Man findet sie in den Handlungen der Volkslegenden, der Geschichten über bestimmte Orte und mysteriöse Persönlichkeiten. Wenn wir an Feen, Zwerge oder Kobolde denken, werden wir unmittelbar in unsere Kindheit zurückversetzt, in der die fruchtbare Basis unserer Phantasie von Märchen belebt wurde. Meine Mutter war schon immer eine ausgezeichnete Geschichtenerzählerin. Die Märchen, die sie erzählte, wurden mit viel Talent und einer schönen Stimme interpretiert. Sie wußte sie lebendig und aufregend zu gestalten; und so entstanden vor meinem geistigen Auge Visionen von fernen, unbekannten Landschaften und Personen, die wirklich wurden und von diesem Augenblick an ein Eigenleben annahmen, das sie zu unermüdlichen Darstellern der heldenhaften Geschichten meiner Phantasiewelt machte.

Ich habe eine »verzauberte« Kindheit erlebt, in der ich unbewußt die »Fäden« von etwas suchte, das unterbrochen worden war, und das ich durch jene wunderbaren Geschichten als Mysterium in meiner Umgebung wahrnahm. In diesen Geschichten erspürte ich verborgene Bedeutungen sowie Hinweise und Symbole, nach denen meine Seele verlangte, um den Weg wieder aufnehmen zu können. Die in den Fabeln und vor allem in den Legenden enthaltenen Symbole sind wie Schlüssel, die in unserem Geist eine alte Erinnerung zu wecken versuchen. Es ist wahrscheinlich kein Zufall, daß die gesamte Welt der Märchen heutzutage fast ausschließlich der Kindheit zugeordnet wird. Vielleicht sind auf diese Weise einmal die heiligen Werte der vergangenen Zeiten überliefert worden, damit sie nicht völlig in Vergessenheit gerieten und die Hoffnung bestehen blieb, sie einmal wiederzufinden und zu verstehen, um sie in die Gegenwart unserer historischen Wirklichkeit einzufügen.

Daher sind die Kinder wahrscheinlich als unbewußte Träger jenes Wissens ausgewählt worden, damit es sich nicht völlig in den Wirren einer Realität verlor, die die Menschheit mit großer Geschwindigkeit zu ganz anderen Mythen trieb.

Für die Erwachsenen bleibt die Fabel nur als nostalgische Erinnerung an die Kindheit oder als das, was sie sich insgeheim für ihr Leben wünschen, nämlich jedes Problem durch Magie zu lösen.

Heute jedoch besteht die Magie wahrscheinlich darin, die Dinge um uns herum wiederzuentdecken, die anderen durch erneute Kontaktaufnahme mit ihnen wiederzutreffen und so jenen tiefen Sinn für Kommunikation wiederzufinden, der unsere Möglichkeiten erweitert, unser Bewußtsein erhebt und unsere innere Erkenntnis vertieft, damit wir zu einem größeren und aufrichtigeren gegenseitigen Verständnis gelangen. Wir können unsere Augen zu »Filtern« machen, durch die das Herz schaut und sieht. Wir können im metaphorischen Sinn wieder zu »Primitiven« werden, um den Funken des ersten Feuers wiederzufinden – den Übergang, der uns wieder zu uns selbst bringt, das Tor der Wahrnehmung, das über unsere Sinne zu den feineren Sinnen der Seele führt, um die Logik der Vernunft mit der Wahrheit des Herzens zu vereinen und jene Einfachheit, eben die »Primitivität«, wiederzufinden, die uns durch die Kindheit begleitete. Es geht nicht darum, in das verlorene Paradies der Kindheit zurückzukehren und sich in fabelhaften Phantasien zu verlieren, sondern vielmehr darum, die Phantasie als Transportmittel der »Reise« zu benutzen, um die Schwingung der Spontaneität, Reinheit und Ehrlichkeit wiederzufinden, die vom Herzen kommt und uns die Möglichkeit gibt, wieder mit der Musik der Natur in Einklang zu kommen; einer Natur, die nicht nur als Gesamtheit der Umgebung gesehen wird, sondern als Energiestrom, der uns durchdringt und dessen Teil wir sind. Die Harmonie, mit der wir uns verbinden können, wird uns erlauben, die rechte Liebe zu uns selbst zu entwickeln und daher wirklich in Kontakt zu den anderen zu treten, weil uns bewußt wird, daß gleich uns niemand vom Fluß der göttlichen Schöpfung ausgeschlossen ist. Der Planet, auf dem wir leben - wir könnten auch sagen, mit dem wir im Universum leben - versucht verzweifelt, mit uns zu sprechen, uns zur Überwindung der gewöhnlichen Gedanken zu bewegen, durch die wir unsere Existenz konstruieren, also auch der Art und Weise, in der wir das Leben aller Dinge wahrnehmen.

Über die gewöhnliche Vorstellung der Wirklichkeit, das heißt ihrer Erscheinung, hinauszugehen, bedeutet, die Magie des Lebens wiederzufinden, mit der wir unsere Seele erreichen und das Leben von einem anderen Standpunkt aus sehen können. Wenn wir eine höhere Aufmerksamkeit gegenüber der Welt entwickeln, die uns umgibt, werden wir unsere Sinne wiedererwecken können, um das Göttliche zu erkennen, das in uns und in allen Dingen um uns herum lebt, den Geist, der gleichermaßen jedes Atom im Universum durchdringt, bis zur kleinsten, für uns unsichtbaren Wesenheit. Nur so können wir mit der Wirklichkeit in Kontakt treten und mit einer erneuerten, wiedergefundenen Sensibilität die Bedürfnisse der anderen entdecken. Im Grunde ist das Leben selbst Magie, oder es wird dazu in dem Moment, wo wir die »geheimnisvolle Alchemie« erkennen, die alles vollkommen macht, Harmonie erzeugt und uns im Einen aufnimmt wie Zellen in einem einzigen Körper; die genaue Kombination, aus der das vollkommene Element entsteht, das Gold, das man vergeblich in den Schmelztiegeln der Vergangenheit gesucht hat. Jeder von uns, der seine eigene Individualität akzeptiert (was nicht heißt, daß man vom Rest der Welt getrennt ist), kann seine Talente in sich entdecken und sie im Austausch mit anderen Individualitäten anbieten, so wie eben jede Zelle mit den anderen zum Wohle eines einzigen Organismus zusammenarbeitet, auch wenn sie sich von ihnen unterscheidet.

Magie ist wahrscheinlich auch, im anderen den gleichen Stellenwert in der Komposition des göttlichen Werkes anzuerkennen und daher die Beziehung zum Göttlichen durch eine tiefe Begegnung mit seiner Schöpfung aufzunehmen - mit der Erde, dem Himmel, der Natur und den Engels-

oder Zauberwesen, die jenseits unserer gewöhnlichen Sinne darauf warten, daß unsere Vision sich erweitert, um in Kontakt mit uns treten zu können.

Heutzutage ist es zum Glück nicht mehr so »erschreckend« oder Zeichen »des reinen Wahnsinns«, wenn man von Devas oder Engeln, Naturgeistern oder Ähnlichem spricht. Der Bewußtseinsgrad der Menschen verändert sich gleichzeitig mit der Transformation der sozialen und religiösen Werte; die einstmals vom Staub der Geschichte bedeckten Symbole beginnen von neuem zu leuchten, sie knüpfen an die »endlose Verflechtung« an, die die Stimme der antiken Kulturen zurückbringt. Und unter diesen Stimmen ist das Lachen und der Gesang der Götter, der Engel der Natur, der Brüder des Lichts und der verzauberten Wesen zu hören; der Gesang der »Tuatha na Sidhe«, der durch den trennenden Schleier dringt, um uns einen Becher Licht zu schenken, aus dem wir Hoffnung, Freude, Einfachheit, den glühenden Wunsch zu wissen, Wahrheit, Mut und vor allem Liebe und Harmonie trinken können.

Heute öffnet sich die Vision der Wirklichkeit zu einer neuen Ebene; sie bringt uns dazu, all das zu überdenken, was Teil dieser Wirklichkeit ist. Es geht darum, die Grundprinzipien des Lebens neu zu ordnen und zu erkennen, das heilige Tempelfeuer wieder zu entfachen, jenen Funken, der tief in uns darauf wartet, die Einheit mit dem Himmel wiederzufinden. Das zu lieben, was wir sind und tun; zu lernen, den Herzschlag jeder Kreatur zu hören und uns wieder dazu zu erziehen, die unzähligen Schattierungen wahrzunehmen, die dem Leben Farbe verleihen und vor allem, uns nie daran zu gewöhnen.

Wir sollten einen Sonnenuntergang, einen Sonnenaufgang, das Aufgehen des Mondes am Himmel und sein Wiederkommen in jedem Zyklus nie gewohnheitsmäßig hinnehmen; uns nie daran gewöhnen, daß er, während wir ihn beobachten, zu einer leuchtenden, geheimnisvollen Kugel am Nachthimmel wird, von Magie durchdrungen, während die Zauberwesen der Sidhe unter seinen silbernen Strahlen singen und tanzen. Durch den feinen Nebel, der unsere Welten trennt, ist heute von neuem die Stimme jener Lichtgeister zu hören; sie nähert sich diskret dem Ohr der Menschen, die ihre Sensibilität wiederentdeckt haben, von neuem ihren Wahrnehmungen und ihrer Intuition vertrauen und damit ihr Recht wiederfinden, an die Heiligkeit des Lebens zu glauben. Die Geschenke, die uns das verzauberte Volk bringt, sind die Frucht einer großen Liebe zum Leben und zu Dem, Der unaufhörlich durch seine Schöpfung zu uns spricht.

Jede dieser Gaben will also ein Grund zum Nachdenken über die »Reise« unseres Lebens sein, in dem Wunsch, daß die Spiritualität alle Seelen über die Wege der Freude, des Enthusiasmus, der Harmonie und der Schönheit erreichen möge, wie die Wege, die sich vor uns öffnen, wenn es uns gelingt, den Atem der Erde zu spüren, der nach unserer Liebe verlangt.

-DIE KARTEN-

Uns in die richtige Stimmung zu versetzen, ist so, als ob wir eine bestimmte Atmosphäre für einen geschätzten Gast schaffen würden. So zum Beispiel kümmern wie uns um den Zustand des Ortes, an dem wir ihn empfangen wollen und rücken die Details ins rechte Licht, die die Atmosphäre angenehm, intim und wunschgemäß gestalten, damit wir uns wohlfühlen und unser Gast sich in dieser Umgebung entspannen kann. Wir achten auch auf unser eigenes Aussehen, stellen vielleicht frische Blumen in eine Ecke, schalten ein mildes Licht ein, das nicht blendet, und legen die richtige Musik auf, die einen angenehmen Hintergrund für unser Gespräch schafft und unaufdringlich die Zwischenräume des Schweigens überbrückt. In diesem Fall handelt es sich bei dem erwarteten Gast um unser Inneres Selbst.

Bereitet eurem Inneren Selbst die gleiche angenehme Atmosphäre und bietet ihm die gleich Aufmerksamkeit, die ihr einem teuren und wichtigen Gast zukommen lassen würdet. Euer erwünschter Gast wird ankommen, sich vollkommen entspannen und dann bereit sein, das aufzunehmen, was durch die Botschaft, die ihr ihm vorlest, zu seinem lauschenden Herzen spricht. Wir sollten nach und nach lernen, unsere Bedürfnisse ernst zu nehmen, besonders, wenn sie aus unserer inneren Wahrheit kommen, und sie in angemessener Weise zu erfüllen, vielleicht mit ein wenig Hilfe von außen, zu deren Annahme unser Herz uns drängt.

Das bedeutet, daß wir lernen, uns selbst zu mögen. Sucht euch also einen ruhigen Platz und setzt euch bequem hin. Ihr könntet vielleicht eine Kerze und ein Räucherstäbchen anzünden (das haben die Lichtgeister sehr gern). Erfüllt den Raum mit den Noten einer Musik, die euch gefällt und in einen entspannten Zustand versetzt. Schließt eure Augen und atmet tief und ruhig, bis ihr merkt, wie euer Bewußtsein sich erweitert und sich allmählich die Horizonte der Gedanken verlieren.

Nun seid ihr bereit, Fragen zu stellen und Antworten darauf zu erhalten. Bittet die Lichtwesen, euch zu helfen, indem sie die »Frage« oder den Gemütszustand lesen, der euer Herz bewegt. Wenn ihr dann bereit seid, wählt eine Karte und lest dazu die Botschaft in diesem Buch. Ihr könnt auch, bevor ihr die zur gewählten Karte gehörige Botschaft lest, versuchen, die Karte mit der gemalten Figur zu betrachten und euch von eurer Sensibilität leiten lassen, eine besondere Botschaft zu empfangen, die nur zu euch spricht. Das feine Stimmchen, das zu euch sprechen wird, erreicht euer Herz mit einer angenehmen Empfindung der Wärme und geht mit einer blitzschnellen Intuition in euren Geist über, es kann euch aber auch ein symbolisches Bild schenken, das die erwartete Antwort enthält. Die Antworten, die wir auf unsere Fragen bekommen, sind nicht immer die, die wir hören wollen. Es kann auch sein, daß einmal eine Antwort, die wir erhalten, nicht der gestellten Frage zu entsprechen scheint oder nichts mit uns zu tun hat. Wenn jedoch unsere Frage aus einem wirklichen Herzensbedürfnis kommt, wir also frei von Erwartung der Anerkennung und wirklich bereit sind, zuzuhören, so wird die Antwort, die wir empfangen, die richtige für uns sein. Es ist nicht immer leicht, auf unser Herz zu hören, aber wir können uns nach und nach dazu »erziehen«, seine Stimme unter den tausend anderen zu unterscheiden, die von unseren Gedanken kommen. Unser Herz erkennt die »subtile« Sprache, die Sprache des universalen Geistes, und die Lichtwesen sprechen zu unserem Herzen.

-DIE ELFEN-

-1-
WHOEVER

»Ich wandere im dunklen Sturm.
ich wandere zwischen den Stimmen des Windes,
die mich in verschiedene Richtungen rufen;
ich wandere unter den Tränen,
die der Regen mit den meinen vermischt.
Ich wandere im Sonnenstrahl,
der mich aus der Kälte erwärmt.
Ich wandere in allen Lagen des Lebens.
Ich wandere, weil Du bei mir bist.«

21

WÖRTLICHE BEDEUTUNG DES NAMENS: Wer auch immer.
»Whoever« ist das Symbol der Gleichheit, ohne jede Bevorzugung oder Privileg. Jedem stehen alle Möglichkeiten offen, sich in seiner Existenz zu erweitern, um ihren wesentlichen Teil zu entwickeln - sich mit dem eigenen Selbst zu verbinden. Dieses Ziel macht jedes Leben zu einer Freudenfeier. Im manifestierten Universum der göttlichen Schöpfung gibt es nichts, das nicht vom Fluß der Evolution erfaßt wird, und wenn es auch noch so gering erscheint.

HERKUNFT: Er lebt mit seinen Elfengeschwistern in den leuchtenden Farben des in glitzernden Kaskaden herunterfallenden Lichts, das Seen und Flüsse bildet, so vielfarbig und durchsichtig wie das reinste Wasser. Und in diesen leuchtenden Gewässern baden die glücklichen Elfen; manchmal schlummern sie ein, während sie auf die Sonne warten.

BOTSCHAFT: »Ein Sonnenstrahl kommt, um uns aufzuwecken. Er bahnt sich seinen Weg zwischen den schwarzen Wolken und setzt dem dichten, schweren Regen ein Ende, den ein heftiges Gewitter vom Himmel herabstürzen ließ. Funken von regenbogenfarbigem Licht tanzen wirbelnd im Strahl der Sonne; sie kommen bis zu uns, um sich in einem Regentropfen einfangen zu lassen, der klar und leuchtend wie eine Kugel aus reinem Diamant uns aus den Fingern entschlüpft und in der Luft davonschwebt, wobei er einen Schweif strahlender Farben am Himmel hinterläßt. Es ist der wunderbare Bogen, der manchmal nach dem Regen erscheint und den die Menschen Regenbogen nennen. Jede Farbe dieses Bogens bringt eine Botschaft und ein Versprechen für alle Herzen, die traurig und von der grauen Wolkendecke irregeführt sind. Und die Herzen der Menschen füllen sich mit Hoffnung; ihr Geist findet jenseits der Wolken den Glanz der Sonne wieder.«

EMPFEHLUNG: »In den Legenden der Menschen ist von Goldtöpfchen die Rede, die Zauberwesen am Fuße des Regenbogens aufstellen, und davon, daß diese Belohnung dem Menschen zusteht, der das größte Glück und Verdienst und den meisten Mut aufzuweisen hat. Wer weiß, ob 'diese' Schätze jemals gefunden wurden? Aber der Regenbogen bringt wirklich einen Schatz mit sich: Das Geschenk der Hoffnung, das im Herzen wieder das Gebet erweckt, und den Wunsch, nach der leidvollen Prüfung den Preis zu gewinnen. Dieser Preis besteht in der Gnade, mit welcher der Vater seinen Sohn segnet, der ehrlichen Herzens seine Zweifel hinter sich läßt, um die Sicherheit 'jener Sonne hinter den Wolken' zu finden. So erfährt er, daß er niemals allein gewesen ist. Laß nicht zu, daß Mißerfolge dich entmutigen und die Logik des Intellekts immer das letzte Wort hat. Erlaube der Hoffnung, dein Herz zu erwärmen. Nur so wirst du die Schönheit der Farben erfassen und ihre Energie aufnehmen können. Im Austausch der Liebe wird dein Herz die wiedergefundene Freude in jeden Winkel der Welt ausstrahlen und dem Leben seine Farben wiedergeben können.«

-2-
GIPFEL

»Den Armen des Windes habe ich meine Worte anvertraut.
Er flüstert sie in dein Ohr,
saust frech um dich herum
und bringt sie bis zu deinem Herzen,
während er mit leichten Fingern
die feinen Fäden deiner Haare zerzaust.«

WÖRTLICHE BEDEUTUNG: Gipfel.

Der höchste Punkt, den wir erreichen können, wenn wir einen Berg ersteigen, symbolisiert den Zweck, das zu erreichende Ziel. Dort oben wird der Horizont weit; unsere Augen können über die Schönheit der Welt hinwegschweifen, die sich bis ins Endlose zu erstrecken scheint. Aber der Gipfel ist auch das Symbol des Abstands von den irdischen Mühen; der Ort, an dem unsere Stimme wahrscheinlich am ehesten Gehör findet.

HERKUNFT: Von den blauen Gipfeln, jenseits der alten Erde, die die Menschen Kontinente genannt haben. »Gipfel« ist der Name eines Elfen, der in einsamen Gefilden zwischen Berggipfeln von solcher Höhe lebt, daß nur die großen Adler sie besuchen können. Von diesen unzugänglichen Höhen aus lauscht er den fernen Stimmen der menschlichen Wesen, die in den feinen Haaren des Windes verfangen hier oben ankommen.

Die Stimmen der Menschen bringen oft ihre traurigen Gefühle der Unsicherheit, ihre Zweifel und die Ungewißheit ihres Weges mit sich, weil sie in einem ständigem Wettkampf mit den anderen liegen.

Dann vertraut *Gipfel* den Armen des Windes seine Botschaft für alle Menschen der Erde an. Und der Wind bringt sie überall hin, bis in die entfernteste Wüste; er fliegt über Ozeane und Täler hinweg, durch Nächte und Tage, bis alle Menschen sie gehört haben.

BOTSCHAFT: »Es ist meine Aufgabe, dir zu helfen, wenn du zögernd und unentschlossen auf deinem Wege oder mit dir selbst im Zwiespalt bist, wenn du in einem fortgesetzten und oft unbewußten Wettkampf mit den anderen lebst.

Jedes Lebewesen – bis hin zur kleinsten Kreatur - ist Teil eines großen, herrlichen Orchesters, in dem jedes einzelne Element wichtig und notwendig ist. Dadurch kann eine Harmonie entstehen, in der jeder Klang vollkommen mit den anderen verbunden und verwoben ist, bis jede gespielte Note in einem einzigen erhabenen Klang verschmilzt.

Dies ist die Symphonie des Universums, die der große Vater geschaffen hat. Sie lebt in jedem von uns und wartet darauf, daß wir verstehen, welche Rolle uns zukommt und welches Instrument uns geschenkt wurde, auf dem wir die reinsten und erhabensten Noten zu spielen lernen sollten.«

EMPFEHLUNG: »Du fühlst dich möglicherweise verwirrt, weil du dich zu sehr mit den anderen vergleichst und vielleicht unbewußt glaubst, alles, was sie tun, sei besser, als du es machen könntest.

Wenn dem so ist, schließe einen Moment deine Augen und warte auf das Flüstern des Windes. Erinnere dich daran, daß du mit einem Geschenk in deinen Händen auf die Erde gekommen bist.

Du mußt dies nur anerkennen und mit Bescheidenheit und Dankbarkeit annehmen, denn es stellt deine einzigartige, unwiederholbare Besonderheit dar, dank derer du dich erheben und dazu beitragen kannst, Gottes Plan zu manifestieren. Und es macht nichts, wenn du entdeckst, daß es dich vor den Augen der Welt verbirgt; für den großen Vater wirst du das Licht sein, das unter den anderen erstrahlt, eine Farbe unter den Farben und eine Note unter den Noten seiner wunderbaren, ewigen Symphonie.«

-3-
SWAN

»Du hast mir den Zauber der Zeit geschenkt,
damit ich lernen kann,
die Zeit in Silberfäden zu weben
und durch die Erinnerung
lernen kann
zu vergessen
und mit einem Lächeln
den Flügel gehen zu lassen,
der schon in weiter Ferne reist.«

WÖRTLICHE BEDEUTUNG: Schwan.

Der Schwan gilt in der Überlieferung der alten östlichen und westlichen Kulturen als Tier der Einweihung. Dieser Götterbote steht für die Seele des Menschen, die die irdischen Begrenzungen überwunden hat und in die Regionen des Geistes zurückkehrt. Auch in den Märchen ist er dazu auserwählt, die Transformation zu symbolisieren, mit anderen Worten, die Form, die sich selbst im reinen weißen Licht überwindet, wie die Farbe des Federkleides bei diesem eleganten, herrlichen Vogel.

HERKUNFT: Bei einer Exkursion im Urwald Südchinas fand ein Naturforscher, der sich dort aufhielt, um die Gewohnheiten der Tiere dieses Gebiets zu beobachten, zufällig in einer kleinen, von einem Panda verlassenen Höhle eine schön dekorierte, versiegelte Tonvase. In ihrem Inneren befanden sich einige dicht mit Ideogrammen beschriebene Rollen aus Reispapier, die, obwohl einige hundert Jahre alt, noch vollkommen lesbar waren.

»Ein weißer Streifen am Horizont und eine leichte Bewegung wie von Flügeln in bläulichem Dunst, der die Berge und Baumwipfel einhüllt, die Landschaft wattiert und fast unwirklich erscheinen läßt. In diesem von der Zeit verschonten Winkel der Welt ist die Stimme des Flusses klar zu hören. Dann ein Fügelschlag und einen Moment lang der Eindruck eines großen, schönen Vogels, weiß wie eine Schneeflocke, der sich auf dem Wasser niederläßt. Danach wieder nur das Geräusch des Flusses. Plötzlich ein Rascheln in den Büschen; eine kleine, weißgekleidete, wunderschöne Figur, die weißes Licht auszustrahlen scheint, taucht auf und kommt uns lächelnd entgegen. Er setzt sich wie ein alter Freund zwischen uns. Seine hellen Augen von der Farbe des frühen Morgenhimmels sprechen zu uns, während unsere Lippen beim Zuhören verschlossen bleiben.«

BOTSCHAFT: »In eurem Herzen wächst manchmal ein Schmerz, der es zusammenzieht, wie eine Parasitenpflanze, die sich in Umklammerung um einen Baum windet und ihm Atem und Lebenskraft wegnimmt. Dieser Schmerz nennt sich Groll, Zorn oder Haß. Er entsteht aus einer Beleidigung, einem erlittenen Unrecht, dem Bösen, das euch jemand angetan hat. Oft wird jedoch dieser Schmerz unerträglich, wie eine Krankheit, von der ihr genesen wollt. Und dennoch ist da etwas, das es euch sehr schwer macht, euer Herz zu befreien und die Vergebung anzunehmen, nach der es verlangt; es ist die überhöhte Selbsteinschätzung, die euch daran hindert zu verzeihen und euch vom Verständnis aussschließt. Wahrscheinlich verbietet das gleiche Gefühl euch auch, euch selbst zu vergeben. Diese übertriebene Wichtigkeit verleiht euch euer Ego, das große Angst hat, seine Identität, seine Selbstständigkeit und seine Macht zu verlieren. Es kämpft ständig darum, das verhindern, indem es euch mit allem zur Verfügung stehenden anfüllt, mit den einzigen Dingen, die es kennt oder erinnert, allem, was sich im materiellen Zustand befindet, einschließlich der Spielchen des Intellekts, der euch manchmal vortäuscht, das Herz zu sein. Aber euer Ego ist nicht euer Feind. Es ist Teil von euch; ihm müßt ihr verzeihen, wenn ihr es schafft, euch zu verzeihen. Würdet ihr euch etwa eine Hand abhacken, weil sie etwas Falsches getan hat? Euer Ego ist wie ein unartiges Kind, das ihr erziehen und in Sicherheit wiegen solltet, damit es still bleibt, wenn der Geist in euer Herz hinabsteigt. Euer Ego kennt alle eure »Stimmen« und ist sehr geschickt darin, sie nachzumachen. Dadurch findet ihr die Begründungen für euer Handeln. Aber ihr sollet wissen, daß jeder, der euch etwas Böses getan hat, sei es aus Unachtsamkeit oder weil er die Absicht hatte, euch leiden zu lassen, ein Opfer eures eigenen »Übels« ist, ein Gefangener der gleichen Illusion, der gleichen Überheblichkeit. Verzeihen bedeutet, die »Spiele« des eigenen Egos enttarnt zu haben und aus seinem Gefängnis zu entkommen, um zum ersten Mal den Glanz der Sterne zu sehen und sich von einer langen Krankheit befreit zu fühlen. In diesem Licht erkennt ihr das Gefängnis dessen, der euch Unrecht getan hat, und dadurch seine Behinderung. Wie kann man einen Blinden dafür verdammen, daß er das Licht nicht zu sehen vermag? Es steht euch nicht zu, ihn dafür zu verurteilen. Ihr wart auch blind. Und damit euer Verzeihen nicht zu einem neuen Spiel des Egos wird, muß es als Akt der bedingungslosen Liebe und ohne Erwartungen geschehen, rein wie ein Wasserstrahl aus dem Brunnen, der plötzlich gegen die Sonne sprudelt.«

EMPFEHLUNG: »Möglicherweise urteilst du etwas zu hart über dich selbst, mit übertriebener Strenge? Vielleicht gibst du dir mehr Schuld, als die Sache verdient. Das Schuldgefühl gräbt tiefe Furchen; oft ist es in ferner Vergangenheit verwurzelt, an die du dich nicht mehr genau erinnerst und die du nicht mehr gutmachen kannst. Niemand ist unfehlbar; aber vielleicht ist es gerade das, was dich am meisten stört? Solange du diese einfache Wahrheit nicht begreifst und nicht die Möglichkeit akzeptierst, dich zu irren oder etwas Falsches getan zu haben, wirst du dir nicht verzeihen können. Strafen sind kein gutes System, um ein Kind zu erziehen; sie befriedigen nur den, der noch mehr Angst hat, dem Leben mit all seinen Herausforderungen, aber auch den Möglichkeiten, sie zu überwinden, ins Auge zu sehen. Damit lernst du jeden Tag ein bißchen mehr, dich selbst zu lieben; so lange, bis du dein wahres Antlitz entdeckst und es wunderschön findest.«

-4-
SANSONNET

»Laß dich los im letzten Tageslicht.
Laß deine Seele sich satt trinken im goldroten Himmel.
Laß sie los, frei und glücklich, bis das Violett des Horizonts
Inseln der von Frieden verzauberten Landschaften bildet.
Laß sie gehen,
während das Herz für einen Moment
die verlorene Erinnerung wiederfindet
und in Melancholie verschmilzt.«

WÖRTLICHE BEDEUTUNG: Star.

Im Morgengrauen vor dem Sonnenaufgang versammeln sich unzählige Stare auf den Zweigen der Bäume und zwitschern aufgeregt alle miteinander. Das gleiche Ritual wiederholt sich am Abend, nachdem die Sonne hinter dem Horizont untergegangen ist. Man weiß nicht, was sie einander sagen, aber ihr Gesang scheint mit seiner wachsenden Raserei die Freude und Schönheit des Lebens auszudrücken; in diesen Augenblicken zwischen dem Tag und der Nacht fasziniert er die Seele, die anhält, um ihm zu lauschen.

HERKUNFT: Aus den Lichtwäldern, die einmal die Erde bedeckten.

BOTSCHAFT: »In diesem magischen Augenblick, in dem das Licht noch vor der Nacht am Himmel verweilt, durchzieht mein freudiger Flug die Luft, um die letzten Sonnenfunken noch ein wenig aufzuhalten, die die schneeweißen Zirrhuswolken mit Flammen aus Rosa und Orange anzünden. Und in diesem fröhlichen Schwingen besinge ich die Liebe zum Leben und zur Welt, der ewigen, unaufhörlichen Schöpfungsleidenschaft lauschend, in der sich Leidenschaft und Harmonie in einem perfekten Schauspiel des Gleichgewichts vermischen. Mein Lied läßt nichts unberührt, weder die feinste Farbnuance noch den leisesten Ton oder die kleinste verborgene Bedeutung. Und wie das Leben selbst vibriert der Gesang vor tiefer Freude und lädt dich in einem Chor der Dankbarkeit für den himmlischen Vater ein, dich dem großartigen Konzert anzuschließen, bei dem das gesamte Universum mitsingt.«

EMPFEHLUNG: »Versuche, im Zwielicht nicht die Traurigkeit eines Tages zu sehen, der vergeht, denn dieser Tag ist in seiner ganzen Fülle gelebt worden. Sieh vielmehr in seinem kurzen Erscheinen einen Moment des Glanzes, eine magische Tür, die sich für unwiederbringliche Augenblicke auf das Unendliche einstimmt und Welten unermeßlicher Schönheit öffnet. Betrachte außerdem in ihm den freudigen Tanz, der selig die Nacht empfängt und begrüßt, die jetzt beginnt. Es ist der Augenblick der Danksagung und das Gebet der Sammlung in der Ruhe, die die Nacht mit Süße bringt. Vielleicht ist es das, was die Stare im Zwielicht tun - sie singen den Hymnus an das Leben.«

-5-
BAUM

»Mein Vater, ich habe gespürt,
wie Deine Liebe in den Regentropfen
vom Himmel herunterkam
Dieser Regen hat das Mißtrauen weggewaschen,
das ich wie ein Spinnennetz um meinen Körper
gewoben hatte.
Er ist zu einem Fluß geworden,
der sich eilig ins Meer gestürzt hat.
Dieser Regen
ist zum Echo Deiner Stimme geworden,
die mir zuruft: »Komm, kleiner Tropfen!«

WÖRTLICHE BEDEUTUNG: Baum.

Ein großer indischer Dichter hat einmal gesagt: »Die Bäume sind die unendliche Anstrengung der Erde, in den Himmel zu gelangen.« Dieser inspirierte Gedanke erklärt sich von selbst durch die offensichtliche Ähnlichkeit mit dem Menschen, der wie ein Baum mit seinen Wurzeln mit den Füßen auf der Erde steht, seine Arme im Gebet erhebt, wie der Baum, der seine Äste in den Himmel streckt und uns zum Nachdenken anregt.

HERKUNFT: In grauer Vorzeit bedeckten riesige Wälder die Erde; sie dehnten sich bis zu den Meeren aus und gruben ihre mächtigen Wurzeln in den sandigen Strand. Diese üppigen Wälder waren von den Waldelfen bewohnt, gutmütigen, strahlenden Wesen, die mit dem grünen Volk friedlich zusammenlebten. *Baum* ist ein Abkömmling dieses edlen Elfenstamms; er lebt, wie seine Brüder in der Antike, im Herzen der Wälder und singt die alten Lieder von der Zeit, als die »farbigen Lichter« der Bäume für alle sichtbar waren und ihr Gesang die Luft erfüllte, in allen Tälern und bis zu den Spitzen der Berge wiederhallte.

BOTSCHAFT: »Hast du jemals die Stimme der Bäume gehört? Ich kann dir dabei helfen, jenen Teil von dir wieder zum Leben zu erwecken, der sich nicht erinnern kann oder zu sehr an allem zweifelt. Die Stimme des Baums ist manchmal wie ein lieblicher Gesang, der von Frieden, Gleichgewicht und dem liebevollen Austausch spricht, in dem jede Kreatur für die anderen wichtig ist. Seine Worte können in deinen Gedanken wie ein Flüstern erscheinen. Es genügt, daß du sie hören willst. Und plötzlich wirst du die Stimme des Vaters aller Dinge hören, die durch diesen Baum zu dir spricht, die du aber auch in einem Stein wahrnimmst, einem Bach, der Erde, einem Grashalm, im Wind, im Sauerstoff, den du einatmest, oder in der kleinen Spinne, die unbeirrt ihr Netz webt.«

EMPFEHLUNG: »Wenn man an allem seine Zweifel hat, wird man mißtrauisch. Oft versteckt sich jedoch im Zweifel der Hochmut des Stolzes; dadurch können wir uns auf irgendeine Weise anders als die anderen fühlen, manchmal besser, getrennt und feindselig einer Welt gegenüber, die fast nie unseren Erwartungen zu entsprechen scheint. Das daraus entstandene

Mißtrauen bringt uns dazu, uns »zu entfernen« und uns an einem vor allen möglichen Eindringlingen »geschützten Ort« abzukapseln. Aber auch dort, in diesem »goldenen Käfig«, werden die Zweifel zur ständigen Qual, obwohl wir uns in unserer Rüstung verbarrikadiert haben. Daher fühlen wir uns unsicher und müssen auf der Suche nach Hilfe, nach einer Antwort, herauskommen. Diese Antwort kann darin bestehen, zum Anfang des Weges zurückzukehren, um in Gedanken die wichtigsten Abschnitte unseres Lebens noch einmal zu durchlaufen. Die Natur kann dabei unsere Meisterin sein: Schau auf den Anfang dieses Weges, um zu sehen, wie alles sich ausdrückt und das Gleichgewicht bewahrt. Nichts ist so arrogant, über das kosmische Gesetz zu urteilen, das alles nach einem Entwurf der Vollkommenheit ordnet, der zu groß ist, um vom menschlichen Geist erfaßt werden zu können. Schau darauf, wie jede Kreatur sich diesem Strom der Liebe »überläßt«, wobei sie sich vom Lebensatem ernährt, der unaufhörlich vom göttlichen Odem ausgeht. Solange es in einem Herzen auch nur noch einen Rest dieser Arroganz gibt, kann die Freude über die Teilnahme am Leben, das jede Kreatur in einer wunderbaren Familie zusammenbringt, nicht verstanden werden. Sei dir also bewußt, daß das, was du einatmest, das kostbare Element ist, das der Baum für dich transformiert hat, damit du auf der gleichen Erde wandeln kannst, in die er seine Wurzeln versenkt hat.«

-6-
HERON

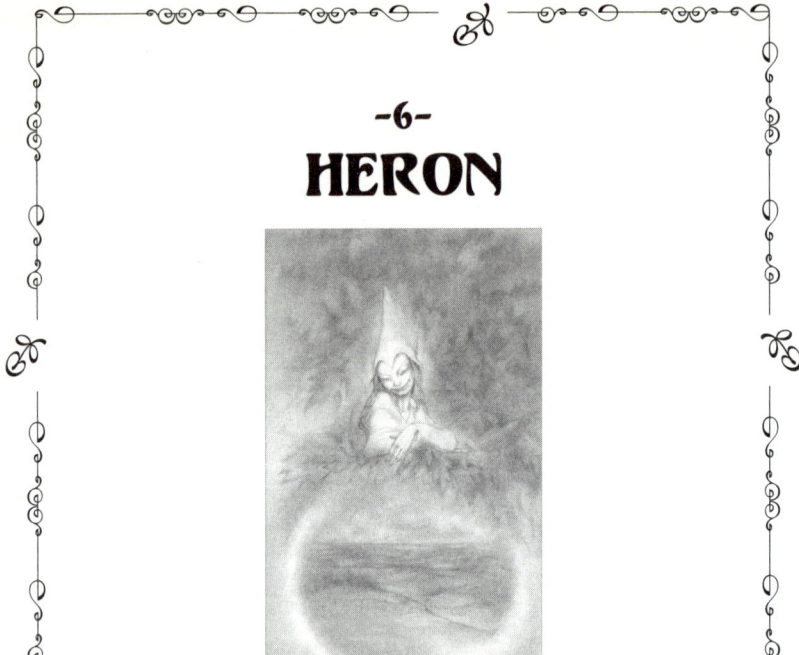

»Lehre mich, von Deinen Augen zu träumen,
mich in Deine Arme zu wünschen.
Lehre mich, Mutter, zu träumen,
bis der Traum aufhört und
ich aufwachen kann.«

WÖRTLICHE BEDEUTUNG: Reiher.

Der Reiher ist ein großer Wasservogel, der mit seiner vielköpfigen Familie in mildere Gegenden fliegt. Der majestätische, schöne Flug dieses Vogels läßt seine etwas weniger eleganten Bewegungen auf der Erde vergessen. Es ist ein wenig wie mit den Träumen der Menschen, deren Visionen auf der Reise zu fernen Horizonten immer glänzender und begehrenswerter sind als die, die sich in der »selbstverständlichen« Wirklichkeit bewegen.

HERKUNFT: Man erzählt, daß eines Tages vor langer Zeit Lichtwesen auf die Erde kamen, deren Aufgabe es war, einen besonderen Ort für die unverwirklichten Träume der Menschen zu schaffen.

Diese Lichtwesen waren die Wunschelfen, die heute noch die Träume der Menschen verfolgen, die in leichten vielfarbigen Kugeln wie Seifenblasen durch die Nachtluft fliegen. Die Elfen leiten diese leuchtenden kleinen Kugeln bis zu jenem »Ort«, an dem die Träume leben und warten können, statt sich, wie bis jetzt, in der Vergeblichkeit zu verlieren.

BOTSCHAFT: »Hier ist, was ich dir für dein eingeschlafenes Herz zuflüstere... Ich kenne deine Wünsche und leite sie sanft über die Brücke, die die Träume von der Wirklichkeit trennt.

Ob ein Traum wahr wird, hängt davon ab, wie du dir die Brücke vorstellst, die die beiden Welten trennt.

Vielleicht ist sie es manchmal, die dir unüberwindlich erscheint, denn du selbst baust sie aus deinem Gedankenmaterial. Das Geheimnis liegt also in der Qualität deiner Gedanken; sind sie düster und traurig, so maskieren sie die Wirklichkeit, weil sie die Illusion eines »Nebellandes« schaffen, in dem du dich nur mit Mühe, Unsicherheit und Verwirrung bewegst.

Werden deine Gedanken jedoch hell und klar, so entsteht in dir der Wille oder »Pfeil«, mit dessen Hilfe du die Brücke überqueren kannst.

Das, was tatsächlich dein inneres Universum mit deinem äußeren verbindet, kann so zu einem lichten Pfad werden, den mit Freude zu durchlaufen zum lustvollen Abenteuer wird, wobei du glückliche Träume gewinnst, die du mit in das nehmen kannst, was du seit langem als Wirklichkeit bezeichnest.«

EMPFEHLUNG: »Vielleicht hast du auch einen besonderen Traum, einen heimlichen Wunsch, der hartnäckig durch deine Gedanken flattert. Wünsche können zur Verdammnis im Leben eines Menschen werden, aber auch zu seiner Rettung. Sie sind ein Ausdruck des Egos oder des Strebens der suchenden Seele. Aber kein Wunsch kann ohne die Handlung, die ihn verwirklicht, lange überleben.

Das Ego in seinem verzweifelten Bedürfnis nach Ruhe und sicherer Identität produziert manchmal so phantastische Träume, in deren Illusion es sich gerne wiegt; diese Träume stehen aber oft nicht für das wahre Wohl der Menschen, und ihre Verwirklichung kann manchmal zu einer harten Lektion werden.

Wenn also ein Traum wiederholt zerbricht, so frage dich, aus welcher Art von Gedanken er bestand, und ob dein Wunsch zu deiner persönlichen Entwicklung oder der eines anderen im Widerspruch stand.

Und selbst wenn es dir vorkommt, als würde das Schicksal sich gegen dich wenden, könntest du vielleicht die Entdeckung machen, daß du großes »Glück« gehabt hast: Die unendliche Liebe, die uns erschaffen hat, gibt uns nur das, was wir wirklich benötigen, um uns des Lebens bewußt zu werden, das uns geschenkt wurde, und auf dem Weg unserer Evolution weiterzugehen. Die leuchtenden Gedanken sind diejenigen, die diese Wünsche mit deinem Willen in Einklang bringen. Der Wille des Herzens ist der, den du finden mußt und der dir erlaubt, mutig und heiter jeden Moment deines Lebens zu erleben.«

-7-
KLEID

»Grenzenlos ist mein Geist, der sich ausdehnt
und alles zu sehen vermag.
Jetzt habe ich keine Angst mehr.
Das Wasser, das ich in der hohlen Hand hielt,
läuft durch die Finger, die es nicht aufhalten können.
Und Tropfen für Tropfen
vereint sich mit dem Strom des silbernen Bächleins,
das rinnt und schnell springt,
um in weiter Ferne in den unbegrenzten Ozean zu fließen.
Und dort überlasse ich mich dir.«

WÖRTLICHE BEDEUTUNG: Kleid.

Ein Kleid ist nicht nur das, was wir anziehen, um unseren Körper zu bedecken, sondern auch das, was die Persönlichkeit bekleidet. Es ist die Summe der Gewohnheiten, die sozusagen die zahlreichen Facetten unseres Charakters bilden und die »Garderobe« unseres Seins anfüllen.

Sich von diesen Gewohnheiten zu befreien, heißt »Platz zu machen« oder »zu renovieren und aufzufrischen«, bzw. sich von Haltungen zu lösen, die zum »Tick« geworden sind; mit anderen Worten, von einer unkontrollierten Gewohnheit des Geistes.

Was zum automatischen Verhalten wird und ins Vergessen der Unbewußtheit rutscht, das benötigen wir nicht mehr. Daher können wir es für ein neues, frisches »Festkleid« eintauschen.

HERKUNFT: Es wird berichtet, daß ein Sonnenstrahl eines Morgens herabstieg, um einen sprudelnden Bach zu berühren, dessen grünes, frisches Wasser sich daher mit tausend leuchtenden Jadetropfen erhellte. Aus den Jadetropfen wurden die Bachelfen als Kinder des Wassers und der Sonne geboren.

Kleid liebt frische, schäumende Bäche, wie sie unter der dichten, verzweigten Vegetation vieler Wälder zu finden sind.

Er sitzt gern auf den moosbedeckten Felsblöcken über dem Wasser und hört versunken ihren Erzählungen zu. Tatsächlich hören die Steine gern vertrauliche Mitteilungen und erhalten daher viele Informationen von allen beweglichen Geschöpfen - vom Wasser, vom Wind, von den Tieren, die zum Trinken kommen, von den Vögeln, die von fernen Ländern berichten, und manchmal auch von den Menschen, die vorüberkommen. Steine haben ein gutes Gedächtnis und unter anderem den großen Vorteil, daß sie nicht nach Belieben die Tatsachen ausschmücken, die ihnen erzählt werden.

Die Elfen sind in der Lage, die seltsame Sprache der Steine zu entziffern, die keine Eile haben, ihre Geschichten zu erzählen, da sie ja nirgendwo hingehen müssen, aber unsere Geduld auf eine harte Probe stellen würden.

Steine sind geschickte Erzähler und durch ihr fast immer ehrwürdiges Alter Überträger so alter Geschichten, daß nicht einmal die Elfen sich daran erinnern können. Von den Steinen hat *Kleid* also viele interessante Dinge und viele Wahrheiten gelernt, die in allen Geschichten verborgen sind.

Aber die schönste Geschichte, die ein wenig alle anderen enthält, singt er und tanzt dazu mit unbeschreiblicher Anmut.

BOTSCHAFT: »Meine Aufgabe ist es, dir die Geschichte der Bachsteine beizubringen, die weder das murmelnde Wasser aufhalten können, das um sie herum fließt, noch den Wind oder die Sonnenstrahlen oder die Geschöpfe, die zum Trinken kommen. Es ist die Geschichte des Nicht-Besitzens, das glücklich macht, weil es befreit. Nichts gehört uns wirklich.

Alles, was in unsere Hände gegeben wird, ist tatsächlich nur eine Leihgabe, die wir zum Verstehen und Lernen benutzen können. Und das ist der Schatz, der uns angeboten wird, und der kostbarer als alle anderen ist - ein »Kleid«, das uns gegeben wird, damit wir unsere irdische Erfahrung angehen können. Ein »Kleid«, das wir zu lieben und im rechten Maß zu benutzen lernen müssen, zusammen mit allen anderen Gelegenheiten, die uns als »Aussteuer« geboten werden, mit dem Wunsch, daß unsere Hochzeit mit dem Leben, das uns geschenkt wird, zu einer Liebesheirat werde.«

EMPFEHLUNG: »Das Gefühl des Besitzens betrifft nicht nur materielle Güter; im Gegenteil, sie sind wahrscheinlich nur sein oberflächlichster Aspekt.

In der Verlustangst erneuert sich der uralte Schmerz über die Trennung vom Licht, die Wahl des Menschen, der sich mit der vergänglichen Macht des Egos identifiziert hat.

Möglicherweise ist jenes merkwürdige Gefühl der Übelkeit, das du manchmal empfindest, auf etwas zurückzuführen, das du in dir hältst und nicht herauslassen willst. Etwas, das du lange ignoriert hast und das jetzt auf seiner »Gelegenheit« besteht. Öffne also deine Hände und lasse alles los, weil das, was du festhältst, in Wirklichkeit dich festhält. Das Wasser, das über die Steine des Bachs fließt, ist ein Symbol des Lebens, und alles, was sie berührt, von der Sonne bis zum Wind und den kleinen Geschöpfen, bringt eine Erkenntnis mit sich, die sie aufnehmen, indem sie zuhören und lernen und dann zulassen, daß das Wasser seinem Lauf folgt und die Wahrheit zu Tausenden von anderen Steinen bringt, die im Fluß darauf warten.«

-8-
TIYOWEH

»Du wirst nie wirklich allein sein,
noch werden deine durstigen Lippen je
vergeblich nach erfrischendem Wasser verlangen.
Deinem ermüdeten Körper wird das Ausruhen,
deinem Herzen der Trost einer Umarmung
und die Erleichterung der Hoffnung
nicht versagt bleiben,
denn du bist der lang erwartete Sohn.
Dein Ruf ist im Herzen deines Vaters bewahrt,
der dir die Hand hinstreckt
und zu deiner Rückkehr ein Freudenfest veranstaltet.«

WÖRTLICHE BEDEUTUNG: Die Ruhe.

Die Aufhebung der Bewegung, das Ausruhen von jeder Aufregung, in der jedes innere »Geräusch« aufhört; der Zustand, in dem der nunmehr schweigende Verstand sich erholen und das Herz sich in sich selbst sammeln und dem Frieden des Geistes lauschen kann.

HERKUNFT: Aus den roten Wüsten einer weit entfernten Welt, in der die Sonne mit den Schatten der steilen Felserhebungen spielt und dem aufmerksamen Beobachter ihre Geheimnisse mitteilt.

Tiyoweh wurde von den Völkern der alten Erde ein Naturgeist genannt, ein Wächter der Berge, die seit unzähligen Monden in der Wüste leben. Heute noch erzählen die Stammesältesten, daß *Tiyoweh* sich zwischen den Schatten versteckt, die die Berge der Wüste mit fortschreitendem Tage hinter sich ausstrecken.

Beim Sonnenuntergang klettert er behend auf die höchste Spitze, um der Sonne eine gute Nacht zu wünschen. *Tiyoweh* ist der Gefährte des Falkens, der hoch am Himmel fliegt, und der Eidechse, die geräuschlos über den glühenden Sand flitzt.

Viele Geschichten sind ums Feuer entstanden; sie sprechen von einem kleinen Geist, der den Menschen ein großes Geschenk bringt.

BOTSCHAFT: »Ich bringe dir als Geschenk die Vision des Weges, der zur Ruhe des Herzens führt. Es ist eine Vision, die die Menschen selten aufzufangen wissen, weil dieser Weg die Wüste durchquert und sich durch den schweigenden, von der Sonne geblendeten Sand windet, um die Einsamkeit zu treffen. Der Pfad oder enge Weg, der zur Ruhe des Herzens führt, ist der des Mutes; des Mutes, die Angst anzugehen, sich allein mit seinen Gedanken wiederzufinden, mit den eigenen Schwächen und Begrenzungen.

Ihre Anwesenheit wirkt in der Weite der Wüste wie ein ohrenbetäubender, schwer zu ertragender Lärm. Aber der Weg geht weiter bis zur Spitze des heiligen Berges, von der aus alle darunterliegenden Dinge klein und weit entfernt wirken. Die Ruhe an diesem Ort lindert das erlittene Leid und löscht nach und nach die Erinnerung an die vorherigen Schritte aus. Daher kann das Herz des Menschen, der sich bis dorthin vorgewagt hat, diese Ruhe empfangen und in sich aufnehmen. Und sein Geist kann den Ruf des

Falken hören, der sich in entfernten Echos verliert, während der Blick, der seinem Flug durch die unendlichen Weiten des Himmels folgt, aus den hellen Augen eines im Frieden ruhenden Wesens kommt.«

EMPFEHLUNG: »Auf dem Weg durch unser Leben können wir schwierige Situationen vorfinden, die die Sicherheit bedrohen, die wir um uns aufgebaut hatten. In diesen Situationen wird alles, was unsere innere Welt betrifft, in Frage gestellt, wie bei einer Prüfung, bei der es darauf ankommt, festzustellen, ob das, was wir gelernt haben, wirklich eine Eroberung des Geistes darstellt. In diesen Momenten drängt sich immer eine Entscheidung auf, oder besser gesagt, sie wird uns vorgeschlagen. Und je mehr wir die Leiden unseres Herzens fühlen, desto schwieriger scheint die Entscheidung zu sein. Es ist der Schmerz, den wir empfinden, wenn wir nicht verstehen und den unvermeidlichen Verzicht akzeptieren können, den jede Wahl mit sich bringt. In solchen Momenten fühlen wir uns allein, weil uns bewußt ist, daß nur wir tatsächlich die Hauptdarsteller unseres Lebens sind, in der Rolle, die wir je nach Bedarf spielen. Wie oft läßt die Sorge, die dieses Gefühl der Einsamkeit mit sich bringt, in uns die Angst aufsteigen, es nicht zu schaffen, nicht das Rechte zu tun? Und wie leicht erscheint es, zu flüchten, indem wir uns in die tausend Erledigungen des täglichen Lebens stürzen, in den chaotischen Fluß, der uns für kurze Zeit mit seinem Lärm ablenkt, uns jedoch daran hindert, dem zu lauschen, was wir aus unserer Qual und Sorge machen. Aber damit schlagen wir uns selbst ein unredliches Spiel vor. Wir lassen zu, daß der Verstand das Herz verführt, daß er uns zu Gewohnheiten überredet, die in Wirklichkeit nutzlos sind, zu Bedürfnissen, die wir nicht wirklich stillen müssen, zu Schichten über Schichten von Wörtern, verdrehten Gedanken und falschen Gefühlen. Dadurch sind wir nicht mehr in der Lage, der Stimme des Herzens zu lauschen; dieser feinen Stimme, die wir nur in der Stille hören können und die die Antwort kennt. Sie kann uns von Mut, Kraft und der Fähigkeit berichten, die Widrigkeiten der Wüste zu überwinden; von der Möglichkeit, uns mit uns selbst »auseinanderzusetzen«; denn darin besteht die Reise, auf der wir uns befinden, und darin, daß die Einsamkeit, die uns so in Angst versetzt, ein Trugbild des Verstandes ist.

Schritt für Schritt merken wir, daß uns jemand bei der Hand hält, mit

Liebe leitet und uns anfeuert weiterzugehen, ohne uns je aus dem Auge zu verlieren, und jedesmal, wenn wir vor einer wichtigen Entscheidung stehen, uns die richtige Handlung vorschlägt, die das Gefühl mit der Vernunft verbindet und uns als Antwort die Ruhe des Geistes und den Frieden des Herzens bringt.«

-9-
OWL

»Sich in den Klängen verlieren,
um im erleuchteten Herzen der Nacht umherzuschweifen.
Sich mit ihrem scheinbaren Schweigen vereinen,
um das Füstern des verborgenen Lebens zu hören,
das in Harmonie schwingt.
Mit ihrer Intimität verschmelzen,
um das Herz für die Stille zu öffnen.
Das Rasen der Gedanken anhalten,
um den sanften Aufruhr dieses gegenwärtigen Augenblicks zu leben,
der wie ein Tropfen in die Ewigkeit fällt.«

WÖRTLICHE BEDEUTUNG: Eule, Käuzchen

Es gibt kein Vorzeichen, das die Ankunft einer Eule verrät. Ihr leichter, lautloser Flug durchquert die Nachtluft, ohne ihre Ruhe zu stören. Ihre Augen können in der Finsternis sehen und mit Klarheit jede kleinste Bewegung in der Vegetation ausmachen. Wegen dieser Eigenschaften, die ihr erlauben, sich im Dunkeln nicht täuschen zu lassen, sondern wachsam zu bleiben und auf das zu achten, was die anderen nicht sehen, wird die Eule mit der Weisheit gleichgesetzt.

HERKUNFT: Aus den Tiefen der Nacht, aus der Dunkelheit in seinem Herzen, die nicht dunkel ist. Eine kleine Lichtung im Wald - vielleicht kann man in das nachtfrische Gras niedersinken, wenn die Luft schon frühlingswarm ist, mit geschlossenen Augen, um die Klänge und Stimmen zu hören, die die Stille durchbrechen. Der plötzliche Schrei einer Eule, die sich von einem Ast abstößt, überrumpelt uns für einen Augenblick; er bringt alte Ängste wieder zum Vorschein. In dieser magisch anmutenden Atmosphäre durchquert *Owl*, die Nachtelfe, das stille Land. Ihre Stimme kommt unerwartet, wie der Schrei einer Eule; sie macht uns wach und aufmerksam.

BOTSCHAFT: »In meiner Stimme flüstern alle Stimmen des Waldes, verschmelzen alle Geräusche der Nacht. Meine Stimme ist wie das Zittern der Blätter im Windhauch. Es ist ein Gesang, der sich in der Ruhe der wunderbaren Sternennacht verbreitet und dein lauschendes Herz erstaunt; eine Botschaft der Liebe, die deine Seele jetzt zu entziffern vermag. Höre, wie sie sich mit dem Flüstern aller Geschöpfe vermischt und dich einlädt, dich mit der Magic dieser Klänge zu vereinigen. Auch wir sind darin - Vögel, Blüten, Wind und Regen, Erde und Sonne. Wir sind ein wenig von all diesen Dingen und in all diesen Dingen. Von unsichtbaren Lichtfäden vereint, spielen wir zusammen nach dem Drehbuch der unendlichen Schöpfung. Und in allem ist der gleiche erhabene Odem. Es gibt keinen Ort, an dem man ankommt oder von dem man abreist, es gibt nur den Augenblick. In diesem Augenblick ist die gesamte Schöpfung enthalten. Und die Vergangenheit ist die Geschichte der Zukunft.«

EMPFEHLUNG: »Besonders nachts, wenn die Geräusche des Tages sich beruhigen, bis sie nach und nach ganz aufhören, wird die Wahrnehmung feiner, die Sinne sind nicht mehr verstört und werden schärfer. Die Dinge, die rundum von dieser stillen Stunde aufgeweckt werden, nehmen verschiedene Gestalten an; sie scheinen im Spiel der Schatten ein Eigenleben anzunehmen. Du befindest dich im Herzen der Nacht, lauschst aufmerksam auf jedes Flüstern, jedes Knacken, jedes noch so kleine Rascheln. Ruhig, aber wachsam, läßt du dich von dieser fast unwirklichen Atmosphäre einhüllen, in der die Magie dir möglich erscheint, während du auf die heilige Ruhe des Schlafes wartest. Erhalte dir diese Sensibilität, die Bereitschaft der Seele, die dir erlaubt, Erkenntnis aus den Dingen selbst zu schöpfen, während du sie beobachtest, um sie kennenzulernen, während du ihnen zuhörst, von ihnen lieben lernst oder entdeckst, daß unvermittelt »etwas« in dir dein Herz in einer schönen, unbekannten Emotion höher schlagen läßt. Und es ist, als ob ein neues Selbst dir entgegenkäme, jemand, den du zu lieben lernen mußt, indem du ihn nach und nach kennenlernst. Jemand, der »fühlt« und die verborgene Seite der Dinge wahrnimmt; wobei er sich nicht von der mechanischen Eile des Lebens überfahren läßt und nicht daran gebunden ist, weil er die Freiheit des Geistes erahnt. Und dann wirst du merken, daß dieser »Jemand« deine Seele und nicht von dir getrennt ist; deine Seele, die das Lächeln der tiefen Freude kennt. So wirst du dein Zentrum finden können und dir »deiner« Anwesenheit in »deinem« Leben bewußt werden. Vergiß dich nicht. Vergiß dich nicht in der anonymen Menge der eitlen, nutzlosen Gedanken. Du bist nicht mehr deine Vergangenheit, noch bist du schon in der Zukunft. Du »bist« im Augenblick, wie alles, was mit dir und in dir lebt, im ewigen Jetzt.«

-10-
NIGHTINGALE

»Dieser Abend ist voller Magie.
Eine warme, weiche Stille.
Nur dein Gesang erfüllt die Luft,
freie, festliche Nachtigall,
erfüllt mein Wesen
und dehnt sich weiter, als die Augen sehen können,
jenseits der Zeit, die ein Gedanke umfassen kann.
Gelächter und Musik klingt zu mir herüber,
Stimmen und Düfte in der Ferne,
die mein Herz verloren glaubte.«

WÖRTLICHE BEDEUTUNG: Nachtigall.

Die süße Stimme der Nachtigall vermag unsere Aufmerksamkeit auf sich zu ziehen. In ihrem Schlagen scheint sie uns von der Herrlichkeit einer in Licht erstrahlenden Welt zu erzählen und Bilder heraufzubeschwören, die schnell unser Herz durchqueren, das sich mit einer seltsamen Sehnsucht anfüllt. Und in diesem Zauber, den die abendlichen Farben mitgeschaffen haben, können wir leichter das Wunder, die Schönheit und Vollkommenheit aufnehmen, mit der der Herr das Kleid des Lebens gewebt hat.

HERKUNFT: Seine Herkunft verliert sich in der Nacht der Zeiten. Wahrscheinlich hat die volkstümliche Überlieferung der Menschen in Erinnerung an ihn dem kleinen Nachtvogel den Namen »Nightingale« verliehen.

BOTSCHAFT: »Ich werde lieblich für dich singen, um dein Herz zu erwärmen. Um dir zu helfen, all die »Türchen« der Seele zu öffnen und offen zu halten, hinter denen sich die Schönheit, die Liebe, die Heiterkeit und das Vertrauen befinden. Jenes Vertrauen, das dir so oft fehlt, wenn deine Pläne scheitern und deine Erwartungen enttäuscht werden. Ich werde süß für dich singen, um dir die Freude zu bringen, die tanzend das Tageslicht wie auch die Dunkelheit der Nacht durchquert. Die Freude, die alles durchdringt. Ich möchte dir die Erleichterung eines kleinen Lichtleins bringen, das dich in der Dunkelheit ruft, um dir zu sagen, daß jemand dich erwartet, um dir die Gaben seiner Liebe zu überreichen. Gehe vertrauensvoll mit diesem kleinen Licht im Herzen voran und achte darauf, daß es nicht ausgeht. Im Vertrauen wirst du alle Qualitäten finden, die deine Seele besitzt.«

EMPFEHLUNG: »In der Dunkelheit werden unsere Ängste und alle unsere Unsicherheiten wach, wie Dinge, die unvermittelt aus den Tiefen eines Sees auftauchen, wo sie so lange von einem Seil zurückgehalten wurden, bis es riß. So entsteht oft die Illusion, man habe die Dunkelheit besiegt, weil ein Aufblitzen des Mutes uns kühn werden läßt. Wenn du die Dunkelheit bekämpfst, wirst du deine Grenzen nicht überwinden. Versuche lieber, in ihr eine notwendige Gefährtin deines Heranwachsens zu sehen. Die Dunkelheit ist die Schwester des Lichts; sie bringt dich zu der Sonne des Geistes. Wenn du Vertrauen zu ihr hast und sie nicht als Feindin ansiehst, wird sie dich an die äußersten Grenzen deines Wesens führen, wo es nur noch die Sicherheit und Willenskraft gibt, mit deren Hilfe du die Zeit und den Raum durchqueren wirst, frei von jeder Begrenzung, in der Freude des unendlichen Lichts.«

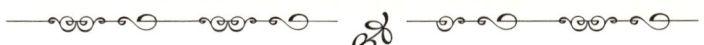

-FEEN-

&

-11-
ABLOOM

»Tausendfarbige Blütenblätter
flattern leicht
in einem scherzhaften Tanz
durch die erste Morgenbrise;
sie spielen mit dem Gold der Sonnenstrahlen,
die zurückkehren, um den neuen Tag zu entzünden.«

WÖRTLICHE BEDEUTUNG: Aufgeblüht.

Die Ansicht eines üppigen Gartens oder einer blühenden Wiese erfreut das Herz. Wir fragen uns jedoch nicht immer nach den Gründen für eine so subtile, undefinierbare Freude, sondern sind zufrieden mit dem süßen Genuß, den die für Farben und Düfte geöffneten Sinne uns bieten, indem sie uns von unseren Gedanken ablenken und für einen Moment an der Grenze zu einer unbekannten Welt verweilen lassen.

HERKUNFT: Von einer kleinen Insel in Nordeuropa, über deren Vorhandensein es einige Legenden gibt.

Die Anwesenheit der Feen wird von den Menschen oft nicht wahrgenommen, sie haben höchstens in Märchen von ihnen gehört.

»Abloom« gehört zu einer Feenart, die mit viel Phantasie begabt ist, gerne singt und zu ihrer Inspiration den Stimmen der Bäche lauscht, besonders wenn die Sonnenstrahlen, die auf dem Wasser spielen, jene Nuancen von Licht schaffen, die dem Tanz der Noten auf einer Partitur gleichen.

Ihre Lieder sind immer heiter, und die Melodien, die aus ihren Herzen kommen, sind Gesänge der Liebe, ein Ausdruck des Glücks, das aus Farben, Düften, dem Streicheln der Luft und den subtilen Klängen, die um die Dinge vibrieren, entsteht.

BOTSCHAFT: »Wenn die Menschenwesen traurig sind, werden sie ein wenig wie die Blumen, die nur schwer erblühen.

Ich möchte dir helfen, den Eingang zu dem reichsten Garten zu finden, in dem ein kostbares Geschenk auf dich wartet und Abertausende von Blumen sich glücklich dem Sonnenlicht öffnen.

Der Garten, den ich meine, ist dein Herz, und die Blumen sind deine unbegrenzten Möglichkeiten, deine ungelebten Talente, deine Anmut und deine Spontaneität. Und die Sonne ist das Licht des Geistes, der sie ernährt, dem sie sich öffnen und ihre Schönheit anbieten.

Unter dieser Sonne muß die Liebe erblühen, die kostbarste, seltenste und auserlesenste Blüte; das kostbare Geschenk, das dich erwartet, das Zauberwort, das die Sprache der Schöpfung kennt und mit ihrer Seele verschmilzt.«

EMPFEHLUNG: »Wenn du merkst, daß dir die Gewohnheit fehlt, die dich mit Leichtigkeit zur Freude bringen kann; wenn du die Harmonie nicht mehr aufnehmen und dich nicht mehr mit ihr »im Einklang« fühlen kannst; wenn es dir scheint, als seiest du an einem entfernten, isolierten Ort, dann ist der Moment gekommen, dich zu fragen, ob du dich nicht vielleicht zu sehr in dir selbst verschlossen hast.

Dieser »Zufluchtsort« ist nicht immer der richtige Platz, um unsere verletzte Sensibilität zu heilen, und oft sind wir es, nicht die anderen, die uns ablehnen.

Unsere Haltung ist es, die nach und nach die Welt von uns entfernt.

Manchmal gleichen wir einer etwas bizarren Blüte, die zu verwelken droht, weil sie unsicher ist, ob sie sich öffnen soll oder nicht, und zögert, während um sie herum die anderen Blüten ihre Kronen in einem farbigen Regenbogen ausbreiten, im vergnügten Spiel mit den Sonnenstrahlen. Der himmlische Vater hat dir den »Schlüssel« zu deinem Herzen gegeben, aber er dient zum Aufschließen, nicht zum Zuschließen. Schau dir eine Blüte an, um ihre Schönheit zu offenbaren, muß sie sich dem Licht schenken.

Dein Herz muß sich also jenem Licht hingeben, um selbst wie eine Sonne zu werden, die Liebe, Größe, Macht und Glück ausstrahlen kann.«

-12-
SILESIA

»Tanz mit mir, kleines Herz.
Mögen deine Schritte leicht sein wie der Wind
und deine Umarmung aufrichtig wie die der Sonne.
Ich gebe dir meinen Atem,
während du mir dein lieblichstes Lächeln schenkst.«

WÖRTLICHE BEDEUTUNG: Feines Gewebe.

Jedesmal, wenn wir eine Beziehung zu jemandem aufnehmen, werden wir Teil eines Netzes, mit dem andere Beziehungen sich verbinden oder schon verbunden sind, zwischen denen unendlich viele Kombinationen möglich sind. Das ist die »Magie« der zwischenmenschlichen Beziehungen; und wir müssen lernen, sie mit der Sorgfalt zu unterhalten, die unsere Empfindsamkeit uns nahelegt, um Brüche und unvermittelte Risse in den feinen Fäden dieses Gewebes zu vermeiden. Deshalb übernehmen wir die Verantwortung dafür.

HERKUNFT: Feen treffen gewöhnlich in größeren oder kleineren Gruppen aufeinander; sie bewohnen einen bestimmten Ort im großen Reich der Natur, aus dem sie etwas Besonderes machen.

Silesia hingegen gehört zu einer etwas besonderen Art von Feen ohne festen Wohnort, die jedoch nur an Plätzen mit einer üppigen Vegetation leben.

Sie bewegen sich so schnell von einem Ort zum anderen, wo immer sie gebraucht werden, daß man seit jeher den Eindruck hat, sie seien überall.

Daher ist es unmöglich, mit Sicherheit festzulegen, woher diese Naturgeister kommen, die wegen ihrer einzigartigen Eigenschaft zu Recht den volkstümlichen Namen der »Wandergeister« erhielten, und deren sanfte und einfühlsame Art, mit den anderen Lebewesen umzugehen, sie zum liebenswerten Vorbild des Verhaltens für jene seltenen, glücklichen Reisenden machten, die sie kennenlernen durften.

BOTSCHAFT: »Die mir anvertraute Aufgabe ist es, dir deine Wurzeln zu zeigen, als ob du eine kleine, noch verwirrte und unentschlossene Pflanze wärest; und dich zu lehren, wie du dich an sie wenden kannst.

In ihren Wurzeln findet jede Pflanze die Kraft, die sie braucht, um zu wachsen, indem sie von ihnen und der Erde, die sie beherbergt, Unterstützung und Nahrung bezieht. Diese Nahrung verwandelt sie dann in die Substanz, die den anderen Lebewesen zum Atmen dient. Alles trägt zur Entwicklung der Dinge bei; jeder erhält das, was er benötigt, nach einem stillschweigenden Abkommen, das alles Geschaffene mit einem feinen Faden verbindet. Damit dies jedoch in einem kontinuierlichen Fluß geschehen kann, müssen wir lernen, das, was wir bekommen, nicht zurückzuhalten, sondern seine Transformation zuzulassen, damit es eine Knospe, eine Blüte und eine Frucht werden kann, an der sich vielleicht ein kleiner Vogel sättigen kann, wenn er daran vorbeikommt.«

EMPFEHLUNG: »Ganz gleich, um welche Beziehung es sich handelt, sei es Freundschaft, Partnerschaft oder einfache Bekanntschaft, frage dich immer, ob du dem kontinuierlichen Fluß des Gebens und Nehmens folgst.

Sich fest an die eigenen Wurzeln zu halten, bedeutet, daß man sein Zentrum des Gleichgewichts, seine innere Stütze, erkannt hat.

Der Baum verbirgt seine Wurzeln in der Erde; er zeigt nur seinen Stamm und seine Äste. Diese sind umso stärker und majestätischer, je breiter und robuster seine Wurzeln sind. Diese sind sein Punkt der Kraft und des Kontaktes mit der Energie der Erde, die in ihm aufsteigt und die Materie seines Körpers nährt, damit er sich in Sicherheit zum Himmel erheben und eine weitere Art der Energie, nämlich die der Sonne, empfangen kann, die durch seine Blätter und Zweige hinabsteigt. Ein gesunder Baum erkennt in sich selbst diese »Hochzeit« der Energien und transformiert sie in seinen Früchten. Wenn du in dir spürst, wie Gefühle der Ablehnung oder Eifersucht jemand anderem gegenüber aufsteigen, so ist das ein Zeichen dafür, daß du innerlich diesen ununterbrochenen Energiefluß zurückhältst und ihn damit unterbrichst. In solchen Momenten hast du nichts anzubieten, kannst aber auch nichts empfangen, weil du den Zugang zur Nahrung auch für dich selbst blockiert hast. Die Liebe und das Licht sind deine Nahrung und deine Früchte, sie sind das, was du lernen kannst zu geben und zu nehmen.«

-13-
LEAFY

»Singe und tanze an den goldenen Ufern
der vergessenen Strände.
Dein glückliches Lachen
ist der zarte Klang,
der die Saiten der Harfe zum Klingen bringt.«

WÖRTLICHE BEDEUTUNG: Blättchen.

Der Name bezieht sich auf eine Leichtigkeit, die nichts mit Oberflächlichkeit zu tun hat, sondern vielmehr dazu einlädt, die Anmut wiederzuentdecken, die eine solche Haltung andeutet. Außerdem steht er für das Wissen, daß nichts unvergänglich ist, die heitere Annahme der Veränderlichkeit und der ständigen Transformation aller Dinge.

HERKUNFT: Vor langer Zeit, als die Winde sich in die vier Himmelsrichtungen teilten, vergaßen sie zwischen den Blättern einer Birke einen lustigen, schelmischen kleinen Wind, der immer gern bereit war, jeden, der vorbeikam, mit seinen heiteren Einfällen zu unterhalten. Aus dem Gelächter der Passanten entstanden kleine Feen, die seitdem mit Vorliebe in den Birkenbäumen wohnen. Birkenblätter zittern bei der leisesten Brise; ihr Flattern ähnelt dem Klang eines leisen Lachens. Sie sind wirklich so leicht, daß der Wind sie in einem Crescendo ansteckender Heiterkeit umeinanderwirbelt. Wenn ihr zufällig eine Birke auf eurem Weg antrefft, versucht einmal, anzuhalten und ihm zuzuhören; vielleicht überrascht ihr euch selbst mit einem Lächeln oder unerwartet guter Laune.

BOTSCHAFT: »Meine Aufgabe ist es, die Leichtigkeit im Herzen all derer wachzurufen, die sich pausenlos in ihren Gedanken erschöpfen und dabei vergessen, wieviel Spaß es macht, zu lachen. Halte ab und zu einmal an, um die Zeit in einem sorglosen Lächeln aufzuhalten und den Nektar zu kosten, den seine Blüten dir anbieten. Diese Zeit, die du scheinbar deinen hektischen Angelegenheiten wegnimmst, wird dir die Frische des Schattens bringen, einen Augenblick der Ruhe, damit dein Schritt wieder leichter wird. Das helle Lachen, das spontan aus deinem Herzen aufsteigt, sprudelt wie das frische Wasser einer Quelle; es ähnelt der leichten Brise, die die Flügel der Seele hebt, um dir einen kurzen Flug zu ermöglichen.«

EMPFEHLUNG: »Wie oft gestattest du dir in deiner täglichen Arbeit eine wenn auch nur kurze Pause, um deinem Herzen die Zeit zu geben, wieder im normalen Rhythmus zu schlagen? Wie oft erlaubst du ihm zu sprechen, wenn es versucht, dich zum Wesentlichen zurückzubringen, dem wirklich Wichtigen, das du nicht verstehen kannst? Wenn man erwachsen wird, verfällt man oft in ein gefährliches Spiel, in dem man viele Konzepte verfälscht oder vergißt, wie etwa die Spontaneität oder Einfachheit. Willst du den Weg wiederfinden, der dich dahin bringt? Du kanntest ihn, solange du noch mit dem Ernst dessen, der sich dem, was er tut, ganz hingibt, spielen wolltest. Damals glänzten deine Augen, deine Füße waren leicht und glücklich, laufen zu können. Die Zukunft interessierte dich nicht, weil du, wie jedes Kind, ihr Geheimnis kanntest - und daher lebtest du in einer erstaunlichen Versunkenheit, mit der Fähigkeit, deine Gegenwart zu erweitern, um Zeit zum Staunen und zum Lächeln zu finden.«

-14-
SANTAL

»Ich leite dich über die Grenzen hinweg
und führe deine Finger,
die - einen nach dem anderen -
die Schleier der Form zerreißen.
Wie ein Nebel, der sich allmählich lichtet
und die Einzelheiten der Landschaft preisgibt.
Bis deine Augen leuchten werden,
wenn sie das wunderbare Antlitz
der wahren Wirklichkeit erblicken,
wie irisierende Wolken im herrlichen Spiel
ihrer Veränderungen,
die kein Himmel jemals gleich sehen wird.«

WÖRTLICHE BEDEUTUNG: Sandelholz.
Ihr Name erinnert an den durchdringenden, kräftigen Geruch des Sandelholzes, dessen Duft unerwartet so zart unsere empfindsamen Sinne berührt, daß sie sich entspannen und dem Herzen einen Augenblick der heiteren Ruhe gönnen.

HERKUNFT: Auf dem Weg durch den Wald treffen wir manchmal auf einen kleinen Teich, der uns erstaunt, weil er so einsam und ruhig daliegt.

Die Bäume rundum spiegeln sich im Wasser; sie gaukeln uns trügerische Tiefen vor.

Ihre oberen Zweige lassen die Sonnenstrahlen durchscheinen, die die grüne Oberfläche berühren und hier und da ein Stück des Grundes zum Vorschein kommen lassen. Aus diesen Oasen des Lichtes taucht plötzlich ein Fisch auf; manchmal vertreibt er sich die Zeit damit, dem hellen Kreis zu folgen, um sich dann wieder irgendwo zwischen den Algen des Grundes zu verstecken, ungestört und wahrscheinlich unserer Anwesenheit nicht bewußt.

BOTSCHAFT: »Ich möchte dir einen kleinen Lichtstrahl schenken.« Er kann für deine Augen wie ein Sonnenstrahl wirken, der unvermittelt den dichten, dunklen Spiegel eines Teichs durchbohrt und seinen Grund erleuchtet, wobei sich ein verborgenes, wunderbares Reich offenbart, in dem das Leben tanzt; es wirkt manchmal so still, daß es weit von unseren Gedanken entfernt zu sein scheint. Aber auch in der einsamsten Wüste, im kleinsten Regentropfen, in einem Schneekristall oder Staubkorn, pulsiert und rauscht der gleiche Atem, der dich belebt. Wir müssen lernen, über unsere Augen, unsere Nase und alle unsere Sinne hinaus zu fühlen und zu lieben.«

EMPFEHLUNG: »Wenn unsere Welt der Erscheinungen dich überrollt, ist es so, als ob du wirklich auf der trüben Oberfläche eines Teichs spazierengehen würdest, überzeugt davon, daß du dich auf einem soliden, undurchdringlichen Boden bewegst.

Diese Welt macht dir verführerische Vorschläge; sie versucht, dich von ihrer Notwendigkeit zu überzeugen und gibt dir das Gefühl, etwas zu wählen, das in Wirklichkeit schon längst dich gewählt hat. Wenn das geschieht, halte einen Augenblick an, um diese »Oberfläche« zu beobachten; nimm die Möglichkeit an, die Welt um dich herum mit anderen Augen zu sehen, um die Unbeweglichkeit der Vorurteile zu überwinden, die oft aus dem nur oberflächlichen Kontakt mit den Dingen entstehen.

Der erste Eindruck, den wir von etwas haben, kann manchmal in gewissem Sinne der Wahrheit entsprechen, aber das Urteil, mit dem unser Verstand ihn automatisch definiert und einordnet, befriedigt unsere Erkenntnis nur zum Teil.

Oft ist im Gegenteil unser Urteil wie eine »Kette«, die uns daran hindert, das, was sich hinter der Fassade verbirgt, objektiv zu sehen, und uns unfähig macht, die verborgenen Botschaften »aufzufangen«, die feinen Nuancen, die sich nur enthüllen, wenn unser Geist die Grenzen der äußeren Erscheinung durchbricht. Wenn dein Blick in der Lage ist, sich auf der anderen Seite niederzulassen und auf den Grund der Dinge vorzudringen, dann erst kannst du ihre Essenz erfassen und endlich den Pulsschlag der Liebe entdecken, die ihr Herz zum Schlagen bringt.«

-15-
WHIFFLE

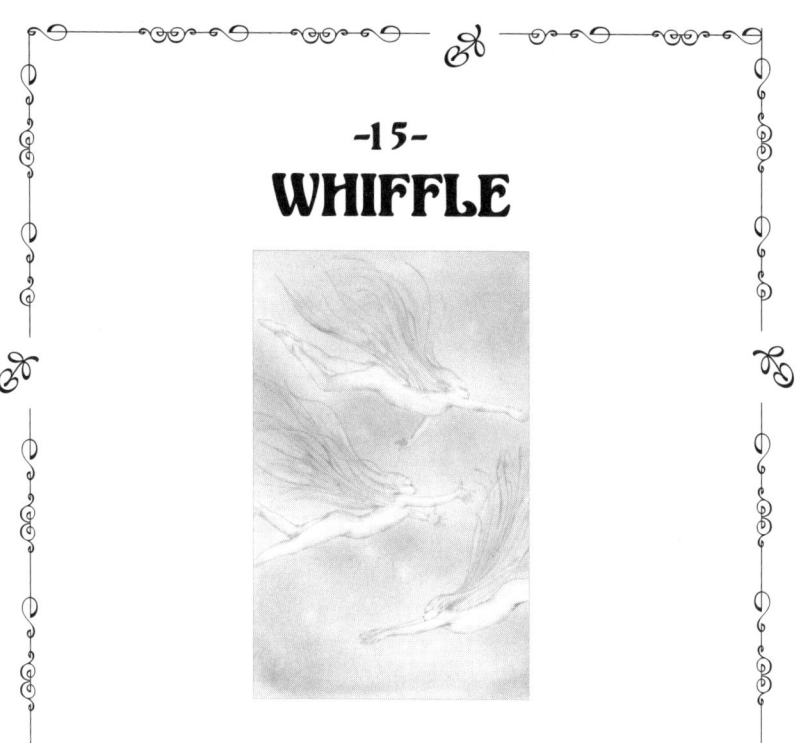

»Jenseits der Sinnespforten schaut dein Geist dir zu.
Er tänzelt wie ein Schlachtroß, frei und herrlich,
mit seinem Fell, das wie Mondlicht glänzt.
Auf seiner Brust erstrahlt das smaragdene Juwel;
auf seiner Stirn blitzt der brennende Diament.
Er hat Flügel, um dich weit fortzutragen,
durch die Tore der Sinne, ruft dich dein Geist.«

WÖRTLICHE BEDEUTUNG: leichter Hauch, Bewegung der Luft.
Das unvermittelte, frische Streicheln der Brise überrascht die Blätter der Bäume, die Blüten und das Gras auf der Wiese, die bei ihrer zarten Berührung nicken und sich wiegen, wodurch die Klänge entstehen, die die Seele so liebt. Wie angenehm ist es, den Windhauch auf dem Gesicht zu spüren, der einen Moment bei unseren Ohren zu verweilen scheint, um uns geheime Wörter zuzuflüstern, während wir die Augen schließen, um diesen Augenblick der Intimität noch mehr zu genießen.

HERKUNFT: Der späte Frühling kündigt ihre Ankunft an. Eine Fee ist leicht mit einem Schmetterling zu verwechseln, besonders, wenn unsere Augen von der Sonne geblendet werden. Den Unterschied kennen nur wenige; er liegt darin, daß eine Fee bei ihrem schnellen Vorüberstreichen eine ganz leichte, frische und angenehme Brise verursacht.

Den Feen gefällt es, mit Schmetterlingen verwechselt zu werden, deren herrlich bunte Flügel sie oft nachahmen.

Und wie die Schmetterlinge fühlen sie sich von Blüten angezogen, aber wenn sie sich auf einem Kelch niederlassen, so ist es nur, um sich ein wenig auszuruhen und mit ihm ein Schwätzchen zu halten. Sie haben auch die gleiche Leichtigkeit, wenn sie von einer Stelle zur anderen fliegen, und wie die Schmetterlinge lieben sie sonnengewärmte Blumenwiesen.

BOTSCHAFT: »Meine Stimme ist fein wie der Schlag eines Schmetterlingsflügels; meine Worte haben den Geschmack der perlenden Morgenluft. Kannst du sie spüren? Denn mit dir will ich reden.

Bleib ruhig und friedlich in deinem Herzen und höre zu. Die kleinen Lichtfunken, die die Menschen Ideen nennen, sind ein wenig wie die goldenen Blütenpollen, die im Frühling in der Luft schweben.

Manchmal scheint es, als seien sie zu schüchtern, um sich für die Richtung zu entscheiden; daher müssen sie geleitet werden. So ist es auch oft mit den kleinen Intuitionen, die die Menschen nicht ernstnehmen, sondern fallenlassen, womit sie dieses schnellblitzende Licht vergeuden, ohne es auffangen zu können. Wie das kleine Pollenkorn in sich das Gedächtnis seiner Mutterpflanze trägt, so berichtet dir jeder Funken, der in dir aufleuchtet, von der Erkenntnis, denn er enthält das Gedächtnis des gesamten

Universums. Sei daher aufmerksam und dankbar für dieses kostbare Geschenk.«

EMPFEHLUNG: »Vielleicht suchst du eine Antwort, die du nicht finden kannst. Schließe deine Augen und atme gelassen durch, bis du dich wie ausgestreckt auf kühlem Gras fühlst, während du deine Sinne frei schweifen läßt, damit sie alles um dich herum voll aufnehmen können. Zerstöre die Eindrücke, die sie dir bringen, nicht durch den Versuch, sie zu rationalisieren, sondern laß sie durch dich hindurchgehen wie der leichte Wind, der jetzt zusammen mit deinem Atem in dir weht.«

»Dein Wesen scheint sich in dieser Erfahrung auszudehnen, während dein Herzschlag sich mit deinen Gedanken vermischt. Jetzt sind dein Herz und dein Verstand vereint mit der leichten Brise, weit entfernt von den Wolken, die ab und zu das Licht der Sonne verdecken. Sie folgen dem Ruf einer Welt jenseits der groben Eindrücke der gewöhnlichen Sinne. Die Intuition ist wie ein Fingerschnalzen, das die Schläfrigkeit des Geistes unterbricht, wie ein Blitz, der plötzlich und schnell die Wolken zerreißt, um ein kurzes Licht aufleuchten zu lassen. Die Antwort, die du suchst, liegt in der »Welt des Lichtes«.

Dennoch bist du es, der mit offenem, aufnahmebereitem Herzen und Verstand auf diese Welt zugehen muß, um die feineren Sinne mit ihren Kräften zu entwickeln, mit der notwendigen Ehrlichkeit und Bereitschaft, um die Erkenntnis aufnehmen zu können.

Und wenn dein Wunsch glühend und rein ist wie eine Flamme, wirst du von der unendlichen Quelle trinken und die Intuition empfangen können, das richtige Mosaiksteinchen, mit dem du dein Bild, das du zusammensetzt, vollenden kannst. Sei voller Vertrauen, denn das Wissen, das du empfängst, kommt zu dir von der Quelle der Liebe, aus der du auch entstanden bist. In kleinen Schlucken wird dieses göttliche Wasser deinen Durst stillen; dann wirst du die Antwort kennen.«

-16-
LILY

»Gestern ließ ich die Stimme meines rebellischen Geistes
zum eisigen Wind werden, der mir seine Einsamkeit zuschrie.
Heute ließ ich mein Herz der Stimme der Seele lauschen,
die von Liebe spricht.«

WÖRTLICHE BEDEUTUNG: Lilie, rein, bleich.

Das schneeweiße Leuchten der Lilie, wie auch des Jasmins oder des Schneeglöckchens, ist symbolisch mit der Reinheit verbunden. Vielleicht, weil ihre so vollkommene Farbe und ihr fast mondartiges Opalisieren an das spirituelle Licht erinnern, das aus einer unbefleckten Seele scheint, auf deren Antlitz das liebliche Lächeln der Aufrichtigkeit spielt.

HERKUNFT: Von den entfernten Eisbergen, die die kalten, bleichen Regionen des Nordens bedecken. Eine antike Legende berichtet von einem Berg, der am nördlichsten Punkt der Erde stand, die zu jener Zeit noch »die Mutter« genannt wurde. Die Eisgletscher und das Schweigen beherrschten alles ringsum; sie verschluckten seit jeher die Wärme der Sonne. Der große Berg ragte einsam empor; seine Spitze verlor sich in den weißen Nebeln des Himmels, und nichts, nicht einmal ein Flügelschlag, unterbrach sein wattiertes Schweigen.

Eines Nachts träumte der Berg in dieser bleichen, gefrorenen Ruhe. In seinem Traum erschienen unbekannte und farbige Landschaften, wunderbare Orte, die er sich nie hätte vorstellen können, an denen ein stürmisches Leben herrschte, das sich in tausend verschiedenen Aspekten zeigte.

Als der Berg jedoch erwachte, sah er, daß sich nichts verändert hatte, alles war so kalt und weiß wie zuvor. Plötzlich aber erschauerte der Berg in einem völlig neuen Gefühl, das wie ein Sonnenstrahl sein Herz erwärmte; zum ersten Mal konnte er es fühlen, seinen Pulsschlag und seinen leisen Klang überall hören.

Eine tiefe Freude ergriff ihn; er verstand, daß auch in ihm dieses Leben pulsierte; sein Eis schmolz dahin und verlor sich in tausend Dämpfen; auch die Stille erschien nicht mehr so erdrückend, weil keine Einsamkeit mehr darin war.

Aus diesem Bewußtsein entstanden Feen wie »Lily«.

Aus der weißen Schneedecke schauen manchmal einsame weiße Blumen heraus; sie sind die »Gedanken der Liebe«, die die Feen im Vorbeiziehen hinterlassen haben, damit die Geschichte des Eisberges nicht in Vergessenheit gerät.

BOTSCHAFT: »Meine Aufgabe ist es, dir zu helfen, wenn du fühlst, wie die Kälte kommt und dir dein Herz erfriert. Meine Stimme wird liebliche Klänge modulieren; meine Worte werden für dich wie Schneekristalle leuchten; liebevoll wird mein Gesang deinen einsamen Traum begleiten. Kein Ort, nicht einmal unter den unbeirrbaren Eisbergen, die seit jeher den Körper der fernen Eislande bekleiden, ist aus dem Herzen der Erde ausgeschlossen. In der sanften Wärme ihres Schoßes gibt es keinen Frost; keines ihrer Geschöpfe kann einsam sein.

Alles ist eine Manifestation des Lebens, das die Mutter liebevoll in ihre Arme nimmt; keines ihrer Kinder bleibt unbeachtet.«

EMPFEHLUNG: »Willst du mir von den Momenten erzählen, in denen dein Herz jedes Flüstern zum Schweigen bringt? Und vom stürmischen Wind, der die Gedanken vertreibt, und von der zitternden Seele, die sich verängstigt in der Kälte der Einsamkeit verschließt? Willst du mir von diesen Augenblicken der Traurigkeit, der Verzweiflung erzählen; von diesen Zeiten, die die Zukunft anscheinend vergessen hat und die dein Herz einschnüren? Deine Traurigkeit ist wie ein Schleier, der dein Antlitz verbirgt.

Wenn sie sich auf die Seele herabsenkt, nimmt sie jeden Atem aus der Spontaneität deiner Gefühle und entfernt jegliches Lächeln aus deinen Augen. Es kann auch sein, daß diese Maske auf deinem Gesicht von unbefriedigten Bedürfnissen kommt oder von Fragen, die nur auf Antworten zielten, die du dir vielleicht unbewußt von enttäuschten Erwartungen gewünscht hättest. Der Schleier der Traurigkeit kann so dicht werden, daß er das um dich tanzende Leben verhüllt, das dich mit all seiner Kraft, mit seiner Freude und seiner Schönheit ruft. Versuche dich gehenzulassen, gib einen Augenblick lang deinen Widerstand auf, den rebellischen Impuls, der dir den Zugang zu deinem Herzen versperrt.

Vertrauen ist ein Akt des Mutes; die Probe, die die Seele auf dem Weg zu bestehen hat; das Aufkommen der Demut, wenn wir uns der Arroganz gewahr werden, mit der unsere Persönlichkeit dem Leben den Rücken zukehrt.

Es erscheint uns so schwierig, uns von dieser aus tausend einengenden Gerüsten bestehenden Persönlichkeit zu befreien, weil sie ewig unzufrieden ist und ständig bereit, über alles, was kommt, zu diskutieren. Dabei hindert sie uns daran, die Geschenke zu erkennen, die das Leben uns bringt, jenseits der Illusionen, die unser Verstand geschaffen hat. Laß den Blick der Seele durch den Schleier dringen, der sie versteckt; die Augen der Seele strahlen von der Flamme, die jedes Eis und jede Furcht vor Kälte zerstört. Die Flamme der göttlichen Liebe, die in deiner Brust seit Ewigkeit brennt.«

-17-
WICKET

»Ein goldenes Band flattert leicht
auf der Suche nach Träumen,
es fängt deine Visionen ein
und hält sie sanft umschlossen.
Laß es nicht weit wegfliegen,
dorthin, wo du dich verlierst,
sondern nimm es, binde es an deine Füße
und führe es glücklich in der Welt spazieren.«

WÖRTLICHE BEDEUTUNG: Türchen, Törchen.

Eine Tür oder ein Tor bedeuten eine Grenze, an der wir anzuhalten gezwungen sind. Haben wir unseren Besitz mit vielen Toren eingegrenzt? Eine Grenze hindert nicht nur am Eintreten, sondern auch am Hinausgehen!

HERKUNFT: Sie ist aus dem Wasser geboren, das sich für einen Augenblick von der Erde getrennt hat, um sich in winzige, leichte Dampftropfen zu verwandeln, die sich im Himmel zu Wolken vereinen. In dieser weichen, schaumigen Masse wartet sie fröhlich darauf, in einen kleinen Regentropfen gehüllt wieder herunterzukommen. Feen wohnen oft in den Wolken, in denen sich manchmal die Phantasie der Menschen verliert. Wenn die Wolken übervoll an verlorenen Phantasien sind, vertreiben sich die kleinen Feen damit die Zeit, sie in Truggebilde von Formen zu modellieren, die einander durchdringen wie körperlose Luftspiegelungen, unablässig ihre Form verändern und sich nach und nach verlieren, bis sie verschwinden. Man muß jedoch sagen, daß es manchmal Spaß macht, den Wolken bei ihrer Verwandlung in merkwürdige, phantastische Formen zuzusehen, sich in das Spiel der Feen zu vertiefen und darüber alles andere zu vergessen.

BOTSCHAFT: »Oft ziehen die Bilder deiner Gedanken dich in phantastische, weit entfernte Welten. Deine Phantasie verirrt sich manchmal beim Versuch, den Visionen jener Welten zwischen den Wolken zu folgen, die sie auf ihrer Reise der Verkleidungen mitnehmen. Meine Aufgabe ist es, dir den Rückweg zu zeigen, wenn deine Füße zu oft abheben wollen und bereit sind, beim kleinsten Husten oder Seufzer den Kontakt mit der Erde zu verlieren. Die wunderbaren Dinge, die deine träumenden Augen dort oben sehen, mußt du in Wirklichkeit verwandeln, denn diese Herrlichkeiten sind die Traumbilder deiner Talente; die Geschenke, die das Leben für dich bereithält.«

EMPFEHLUNG: »Es kann sein, daß deine Sensibilität so entwickelt ist, daß sie dich in eine feinstoffliche Welt bringt, die nicht alle wahrnehmen können. Dabei kann es jedoch passieren, daß das deine Zufluchtsstätte wird, eine Art »vergoldeter Seifenblase«, in der du eifersüchtig deine Geheimnisse hütest.

Und vielleicht tauchst du so oft darin ein, daß du beginnst, sie mit der Welt zu verwechseln, in der wenigstens ein Teil von dir lebt und sich bewegt, obwohl diese zweifellos ein wenig dichter ist. Denk daran, daß jede deiner Visionen dich hier unten erwartet, um durch deine Fähigkeiten zum Ausdruck zu kommen, bereichert durch die Erfahrung, die deine so sensible Seele in den feinstofflicheren Welten gemacht hat, damit sie all denen angeboten werden kann, die sich noch hartnäckig an die Welt klammern, die du überwunden hast, und zuwenig anhalten, um höheren Gedankengängen zu folgen.

Vielleicht hast du Angst, deine Leichtigkeit zu verlieren, und öffnest daher nicht die Augen für die Welt, die du nicht akzeptierst. Es gibt aber einen Grund, warum du hier bist. Vielleicht sollst du eben deine Leichtigkeit und deine Phantasie in diese Welt einbringen, die zu rational geworden ist, und vielleicht mußt du auch etwas lernen, was nur diese Welt dir vermitteln kann.

So verhält es sich auch mit der Reise des Wassertropfens hinauf in den Himmel und wieder hinunter zur Erde, bei der er sich auf seinem Durchgang durch die Elemente in verschiedenen Formen zeigt, sich aber trotzdem durch die Erfahrung bereichert, die er mitnimmt. Das ist es, was die Wolken dich lehren können. In den Formen, die sie annehmen, liegen Botschaften, kleine Hinweise, die deine Seele interpretieren kann. Schließe daher nicht die Tür, sondern gehe freudig über die Erde, die dich beherbergt.«

-18-
WISTAIRE

»Der kleine Spiegel,
in dem der Himmel lächelt,
schaut klar und unbewegt
auf das Antlitz der Unendlichkeit über ihm.«

WÖRTLICHE BEDEUTUNG: Glyzinie.

Indigoblau ist die zarte Farbe der Glyzinienblüten, die in dichten Büscheln von den mit dunkelgrünen Blättern geschmückten, feinen Ästen herunterhängen. Die schnellwachsende Pflanze rankt sich anmutig um die Mauern, die sie bedeckt, während die Äste sich wie im Tanz miteinander um den Stamm winden. Ihre diskrete Schönheit zieht die Aufmerksamkeit der sensiblen Wesen an.

HERKUNFT: Es gibt viele verschiedene Arten von See-Feen. Wistaire lebt in der geheimnisvollen Tiefe der kleinen Bergseen. Auf einen kleinen Bergsee zu treffen, hat etwas Magisches und Heiliges an sich, das unvermittelt unsere Gedanken zum Schweigen bringt und die Mühen des Aufstiegs vergessen läßt; ringsum die Stimmen der Vögel, Insekten und kleinen Tiere, aber dort auf der Oberfläche - ist es ruhig. Und unsere Seele überrascht uns im Schweigen, unfähig zu sprechen, bewegt und ehrfurchtsvoll vor soviel unerwarteter Schönheit.

Und in diesem besonderen Bewußtseinszustand können wir einen Gesang von unglaublicher Süße wahrnehmen. Wir lauschen den Stimmen der Feen des Sees, hellen Geistern, die in seiner Tiefe wohnen.

Wenn die Sonne hinter den Bergspitzen untergeht und der Himmel einen warmen, durchsichtigen Glanz annimmt, sich mit tiefem Kobaltblau und intensivem Scharlachrot überzieht, steigen die Feen zur Oberfläche des Sees auf; ihr von der Abendbrise herübergetragener Gesang verbreitet sich ringsum. Alle Lebewesen hören ihm zu. Mit dem Gesang der Feen verbinden sich die Stimmen der Seelen aller Lebewesen, und auch wir können uns, versunken in unsere Kontemplation, im Schweigen mit diesem Gesang verbinden.

BOTSCHAFT: »Schau in den Spiegel des kleinen Sees, wie er das Blau des Abendhimmels stiehlt; er glänzt wie ein Edelstein, der zwischen den Bergen eingebettet ist, bevor die Nacht ihn unter ihrem sternenbedeckten Mantel versteckt. Nichts scheint diesen tiefen Frieden noch stören zu können. Laß dich sanft von dieser Stille wiegen und habe keine Angst.

Jeder deiner Gedanken gleitet über die glatte Oberfläche des Wassers und versinkt in dem Himmel, der sich im kleinen See spiegelt. Die Zeit ist jetzt aufgehoben; alles rundum ist Magie. Das ist der Schlüssel, der die Türen zum Herzen öffnet, damit deine befreite Seele hingehen und sich im Wasser spiegeln kann, das zu leuchtendem Silber geworden ist, so daß sie ihr Antlitz darin wiedererkennen kann.

Meine Stimme kommt klar zu dir, weil du sie jetzt zu hören vermagst. weil du selbst jetzt zu dieser Stimme geworden bist, die sich im Zauber des Abends verbreitet und diskret das Ohr des Herzens streift, das bereit ist, zuzuhören.«

EMPFEHLUNG: »Manchmal kommt auf dem »Weg« unvermeidlich der Moment der Wahrheit, in dem wir uns selbst gegenüberstehen und uns wie in einem Spiegel gezeigt wird, was wir sind oder glauben zu sein. Dieser Spiegel gibt unser genaues Bild wieder; er reflektiert aber auch das, was verborgen in uns lebt.

Es ist unser Geist, unsere wirkliche Essenz, die uns entgegenkommt, wenn wir an einen wichtigen, für unser Leben wesentlichen Punkt gelangen. Er baut sich vor uns auf wie ein magischer Spiegel, der die Zukunft zeigt. Wir erblicken das, was wir noch nicht sind, was wir aber werden können. Es ist sehr schwierig, in diesen Spiegel zu schauen, weil wir darin auch all das entdecken, was noch in uns schlummert; wir sehen den schreckenserregenden Aspekt der »Drachen, die vor Höhleneingängen schlafen« und die darin verborgenen Schätze bewachen. Diese Schätze sind die Gaben, die uns erwarten, um von unserem Herzen erobert zu werden. Der Mut des Herzens erweckt den »schlafenden Drachen«, besser gesagt, all das, was unseren Weg behindert. Er weckt auch die Fähigkeiten, die das Herz selbst besitzt, die einzigen, mit denen wir uns selbst gegenübertreten können. Der Mut führt zur rechten Handlung des Herzens, zur Einheit von Intellekt, Willenskraft und Liebe. Dein Geist schaut dir von der anderen Seite des Spiegels aus lachend in die Augen und streckt die Hand nach dir aus. Auch du besitzt den Mut des Herzens, aber wahrscheinlich weißt du es nicht.«

-19-
STREAM

»Geister der Wasser, kommt und erzählt mir
eure Geschichten.
Möge der silberne Klang eures Lachens
mein Herz erheitern;
mögen die hellen, glänzenden Locken,
die auf euren Köpfen wogen,
die Tränen der Trauer trocknen.«

WÖRTLICHE BEDEUTUNG: Strömung, Wasserlauf.

Es ist nie dasselbe Wasser, das frisch und unablässig im Bach, im Fluß oder Strom fließt, das dieselbe Stelle benetzt, während das, was eben vorbeifloß, Abfall und Schmutz weit fort trägt.

HERKUNFT: Manchmal kann man in der Nähe von Wasserläufen einen wundervollen Klang wahrnehmen, der aus dem Wasser selbst zu kommen scheint. Ein »flüssiger« Klang, der aus Luft und Farben zusammengesetzt zu sein scheint und dem Klingen von Kristallglocken ähnelt. Diesen Klang bringen kleine Feen hervor, die besonders ätherisch und zart aussehen und mit einem schönen grünblauen Licht von der Farbe des klarsten Wassers bekleidet sind. Sie leben in der Nähe von Wasserläufen und tragen mit ihrer Energie dazu bei, die Erde in der Umgebung fruchtbar zu machen, so daß die Vegetation wachsen und sich üppig entfalten kann. Die Feen besitzen diese Energie der bedingungslosen Liebe, die sich nicht mehr von den Schmeicheleien des Egos verführen läßt. Das ist das Geschenk, das sie denen anbieten, die ihr Herz mit dieser besonderen Kraft darbringen, die nur die schönen Seelen besitzen.

BOTSCHAFT: »Ich will dir, du schöne und sensible Seele, die du auf der Suche bist, als Geschenk den Duft der Liebe anbieten, die die Grenzen überwunden hat, die dich aus den Tiefen des Herzens ruft, während du die schwierige Erfahrung des Lebens mit der Freundlichkeit der Herzens auf dich nimmst, aber eben deshalb auch zutiefst den Schmerz kennst. Sammle deine Tränen, wie das Tal den Fluß aufnimmt, der es fruchtbar macht. Kein Raum in dir kann leer bleiben, wenn du die Liebe frei fließen läßt wie den Wind zwischen den Blättern eines Baums oder die Wellen des Meeres. Das Wasser fließt aus den Quellen; es bahnt sich seinen Weg, indem es auffüllt, läuft, sich anpaßt und dabei Seen, Flüsse und Ozeane bildet. Es besitzt die Kraft und die Fähigkeit, sich zu reinigen und sich selbst treu zu bleiben. Erlaube also nicht, daß deine Tränen Furchen in dein Herz graben, sondern laß sie zu fruchtbarem Wasser für deinen Garten werden, damit jede Blume sich mit einem Lächeln öffnen kann.«

EMPFEHLUNG: »Wenn man liebt, ist es vielleicht das Schwierigste, zu begreifen, daß man schenken kann, ohne etwas zu verlieren, und daß man die von den Gefühlen gesetzten Grenzen überwinden kann, mit denen wir oft unsere Liebe verwechseln. Jedesmal, wenn wir von ihrer Kraft, Sanftheit und tiefen, unbeschreiblichen Freude bewegt werden, die wir in uns aufkommen fühlen, treten viele Gefühle in Kraft. Liebe ist der Antrieb, der uns vorwärtsbringt im Leben, uns inspiriert, unsere Handlungen auf ein Ziel motiviert; sie ist »etwas«, das wir schrittweise lernen und allmählich auf eine höhere Ebene bringen können, wenn wir eben diese Gefühle erziehen, die unseren Sinnen so nahe stehen. Wenn wir merken, daß wir jemand lieben, treten wir gleich mit unseren unbewußten Besitzansprüchen an ihn heran. In Wirklichkeit tun wir das wahrscheinlich, um nicht all das zu verlieren, was diese Liebe uns bedeutet. In jeder Art von Beziehung, in der wir uns als Väter, Mütter, Kinder, Liebende, Freunde, Ehemänner und Frauen befinden, werden wir oft von all den Gefühlen überwältigt, die in uns entstehen, wenn wir fürchten, etwas zu verlieren oder wenn uns diese Freude abhanden kommt, die sanfte Euphorie der verliebten Seele, die uns beflügelt. Um Sicherheit zu gewinnen, versuchen wir etwas zu besitzen, was man nicht besitzen kann; so werden wir unfreiwillig zu Opfern unserer eigenen Gefühle. Und immer lernen wir durch das Leiden; wir entdecken mehr über die Liebe und über uns selbst. Wir können lernen, unser Wesen, das sich ausdehnt, wahrzunehmen, wenn sich die Liebe Schritt für Schritt ausbreitet und unsere Liebesfähigkeit über alle Grenzen hinausgeht und eine Freude erreicht, die anders als die ist, die wir kannten. Und jene Freude umarmt den, den wir lieben, in der Seele, indem sie die Freiheit des Geistes intuitiv wahrnimmt. Wir können also nichts anderes tun, als den, den wir lieben, mit einer großen, schönen und hellen Liebe zu überschütten, die wir nicht verlieren, weil sie die Grenzen der Zeit überschreitet.«

-20-
HINDIN

»Ein einziges »Ja«,
dessen herrlicher Klang
eine silberne Spirale hervorbringt,
die sich in glitzernden Windungen
umeinander dreht.
Folge diesem Tanz,
der in einen smaragdenen Himmel
aufsteigt.
Deine Füße haben jetzt Flügel.«

WÖRTLICHE BEDEUTUNG: Hirschkuh.

Einer alten Überlieferung der amerikanischen Indianer zufolge, ist die Hindin ein Einweihungstier, das mit genügend Kraft und Mut ausgestattet ist, um mit der Entschlossenheit und Opferbereitschaft einer freundlichen Seele den Weg von dem Dämon zu befreien, der den Zugang zum heiligen Berg, der Wohnstätte des Großen Geistes, versperrt. Auch in der keltischen Tradition ist sie das Einweihungssymbol der geheimnisvollen inneren Reise, in der sie die Aufgabe hat, dem Menschen den Eingang zur parallelen oder verzauberten Welt zu zeigen, in der er zur Erkenntnis und Weisheit gelangen kann.

HERKUNFT: Diese Feen leben an den grünen Ufern des Ozeans in den Regionen des europäischen Nordwestens.

Kurz vor Tagesanbruch lassen sie sich leicht auf der salzigen Wasseroberfläche nieder. Nur selten findet man einen Liebhaber einsamer Spaziergänge entlang der verlassenen Strände, der schwört, sie bei ihren Tänzen zur Begrüßung des Morgenrots heimlich beobachtet zu haben.

BOTSCHAFT: »Wenn du willst, kann ich dich an die Hand nehmen und zur Schönheit führen, und wenn du willst, kann ich dir die Augen jedesmal dann öffnen, wenn du sie wieder vergißt. Allzu oft bleibt die Schönheit unbeachtet; sie entgeht uns unter dem Staub der Wahrnehmung, der das tägliche Leben mit Oberflächlichkeit und Vernachlässigung bedeckt.

Und dennoch, auch auf dieser äußerlichen Ebene der Existenz manifestiert der höchste Künstler das Wunder seiner ununterbrochenen Schöpfung - man muß sie nur zu finden wissen.

Oft sind die Menschen nicht in der Lage, die Schönheit in ihrem vollkommenen Ausdruck zu erkennen, weil sie sie je nach Gemütszustand und Emotionen beurteilen, wobei diese Gefühle unbeständig und wechselhaft sind.

Schönheit bedeutet, die Magie eines unwiederbringlichen Augenblicks zu erfassen und zu fühlen, wie das Herz sich der Liebe öffnet und mit dem so enstandenen Zauber verschmilzt.«

EMPFEHLUNG: »Wahre Schönheit geht weit über die übliche Definition hinaus; sie ist eine Eigenschaft, die aus der Welt des Lichts kommt und nicht von den gewöhnlichen Sinnen wahrgenommen werden kann, die von der alltäglichen Wahrnehmung überwältigt sind.

Sie ist also nicht subjektiv, wie die Mehrheit der Menschen zu glauben geneigt ist, es sei denn, in der persönlichen, vergänglichen Bedeutung des individuellen Geschmacks.

Sie geht weit über die Form hinaus, denn sie zeigt die göttliche Größe, die sich in der Liebe manifestiert. Das ist etwas, das die menschliche Seele nur in kurzen, großartigen Momenten wahrnehmen kann, denn es verliert sich in der Intuition der Weite, durch die die Schönheit sich in der ewigen Gegenwart der Schöpfung ausdrückt.

Daher hat der höchste Künstler uns die Form geschenkt, mit deren Hilfe wir unsere Sinne an diese Schönheit gewöhnen können, die eine spontane Auswirkung seiner Liebe ist. Wenn dein erstaunter Blick auf eine Landschaft oder ein lächelndes Antlitz fällt, wenn er auf Augen ruht, die dich die Schönheit der Seele erkennen lassen und du jenen besonderen Aufruhr verspürst, der deine Sinne verwirrt, laß das Gefühl los, denn die Schönheit kann dich durch unbekannte Bewußtseinszustände hindurch in die Welt des Lichts tragen, in der deine Bewegtheit zum Gebet wird.«

-21-
BLUME

»Ich möchte dich das Lächeln lehren, das du noch nicht kennst. Tief im Herzen versteckte Gedanken, die sich noch nicht hervorwagen, sondern vom Grunde der Seele zu dir sprechen; sie benutzen dazu eine Spirale, einen kleinen Riß im Schleier. Hauchdünn und fein, wie der Faden, der Sonne und Mond, Meer und Himmel verbindet. Ich wollte, du könntest die zarte Stimme hören, die deinen Namen flüstert. Und der ausgeworfene Samen wartet; er verspricht den süßen Duft der Blüte, die in dein Ohr flüstert, bereit, sich für dich im phantastischen Reichtum seiner Zukunft zu öffnen. Bereit, um in deinen herrlichen Farben zu malen; um daraus eine liebliche Musik zu machen und sie dir, während du sie hörst, singst und tanzt, zum Geschenk zu machen, um dir all dies zu schenken, dir Sicherheit zu geben, dir zu sagen, daß es nichts gibt, was du woanders suchen mußt, daß sie in dir ist und wartet.«

WÖRTLICHE BEDEUTUNG: Blume.

In ihrer wunderbaren Vollkommenheit stellt die Blume die Pracht dar, in der sich das Versprechen der Frucht manifestiert. Die Frucht ist das Symbol des Opfers - die Nahrung, die den Körper und die Seele transformiert. Jede Frucht trägt in sich das Geheimnis des Lebens; sie bedeutet, daß das Ende bereits die Wiedergeburt in sich trägt.

HERKUNFT: *Blume* ist der Name einer Familie winziger Feen, die oft die äußere Erscheinung von Kindern mit leichten, rosafarbenen Flügeln annehmen, rosa wie das Leuchten, das ihre kleinen Körper umfließt. Sie kommen aus den unerreichbaren Regionen, in denen sich die Embryos der schönen, erhabenen Gedanken bilden. Ihre Aufgabe ist es, das Erwachen der Samen anzuregen, die manchmal lange im Schlaf verharren, als ahnten sie nichts von dem Leben, das ängstlich in ihnen wartet.

BOTSCHAFT: »Jedes von uns ist wie ein Lichtkorn, das die Liebe des gro-ßen Vaters wie Sternchen über diese herrliche Erde verstreut hat.

Und aus jedem aufgehenden Samen kann der prächtige Baum wachsen, der in uns eingeschlossen ist. Dieser Baum steht für alles, was wir sein könn-ten. Und die Sonne, das Wasser, die Erde und der Wind werden da sein, wenn er Unterstützung, Wärme und Nahrung braucht, um seine Arme zum Himmel zu strecken. Der Baum, der blühen und reichlich Früchte tragen wird und tausend Samen, die er verschenken kann, um zu dem großen Werk beizutragen. Jedesmal, wenn wir eine Geste der Liebe vollbringen, öffnet sich ein kleiner Samen, der im Herzen wartet.«

EMPFEHLUNG: »Manche Menschen verstecken sich in der Menge; sie schweigen und wagen es nicht herauszukommen, weil sie denken, sie seien nicht gut genug oder nicht so viel wert wie die anderen. Und sie verachten und verlachen sich dafür. Indem sie so ihre eigene Natur beleidigen, be-schimpfen sie in Wirklichkeit das, was das höchste Wesen in sie hineinge-legt hat - einen Funken seines eigenen Körpers, seiner eigenen Substanz.

Und diesen einzigartigen, individuellen Funken hat Er in Liebe auch in dich gelegt, auf den Grund deines Herzens.

Wenn du manchmal denkst, du seiest nichts wert, dann suche in dir nach diesem kleinen Samen des Lichts, der zitternd deinen Namen flüstert, und gib ihm deine Liebe.«

-22-
SERENE

»Silberne Schimmer leuchten
zwischen den Sternen auf.
Es sind die Wege des Herzens,
das mich nicht belügen kann.
weil es nur Wahrheit kennt.«

WÖRTLICHE BEDEUTUNG: Heiter, ruhig.

Ein klarer, wolkenfreier Himmel ist der symbolische Ausdruck für eine vollkommene, unverletzbare Ausgeglichenheit, nach der der menschliche Geist auf der Suche nach Ruhe von den fortwährenden Störungen strebt. In dieser privilegierten Bedingung ist die Seele des Menschen, der in spiritueller Harmonie lebt, intensiv auf die göttliche Liebe ausgerichtet; daher durchlaufen die »weltlichen Dinge« den Filter dieser Liebe und werden mit der nötigen Distanz wahrgenommen.

HERKUNFT: Sie gehört zu einer Feenfamilie, die vor langer Zeit aus den Mondstrahlen entstand. Bei Vollmond rutschen diese Feen über silberne Lichtbündel auf die Erde hinunter. Sie fliegen leicht durch die Wälder und ausgedehnten Wiesen, auf denen das Mondlicht alles in magische Farben taucht. Ihre Fähigkeit, sich in der Luft zu bewegen, wirkt fast irreal, so leicht ist ihre Bewegung, und nur ein leises Rascheln verrät ihren Vorbeiflug. Die Grillen unterbrechen für einen Moment ihren Gesang, und die Nachttiere halten bei ihrer Ankunft in einem Schauder der Ehrfurcht den Atem an. Bald darauf erfüllt sich die Luft mit kleinen silbernen Lichtern, die dort in die Bäche eintauchen, wo die Strömung sich beruhigt, weil sie von Baumwurzeln oder einem Stein unterbrochen wird. Diese Feen lieben es, im frischen, klaren Wasser der Bäche zu baden, das sie gern aufnimmt und ihnen bei ihren Scherzen lauscht, bis sie müde auf dem feuchten Gras niedersinken, um sich auszuruhen.

BOTSCHAFT: »Wenn der Mond hoch am Himmel zu Silber geworden und die Nacht fortgeschritten ist, steigt aus meinem Herzen ein lieblicher Gesang auf, der sich im Himmel verliert. Von den Mondstrahlen fortgetragen, berührt er alle Dinge und gelangt zu den Orten, an denen die menschlichen Wesen schlafen. Er dringt durch die Fenster, erleuchtet die im Schlaf versunkenen Gesichter, die nicht merken, daß ein Lied des Lichts zu ihrer Seele spricht. Mein Lied bringt dir Inspiration und die Antwort, die auf die offene Frage ausblieb. Es sah, wie du schließlich erschöpft in den Schlaf gefallen bist. Deine erwachte Seele lauscht den Worten des Liedes und lächelt, weil sie jetzt die Lösung erfahren kann.«

EMPFEHLUNG: »Manchmal bemerkst du beim Aufwachen mit Freude, daß ein Problem, das du hattest, sich während des Schlafens gelöst hat, daß die Lösung zu dir gekommen ist. In Wirklichkeit schweigt dein unruhiger Geist, während du schläfst, und dein feinstofflicher Teil kann die Lösung lesen, die manchmal zwischen den Sternen geschrieben steht und in deinen Träumen zu dir gelangt oder durch die Botschaften, die sich tief in dein Unterbewußtsein einprägen, um dir im rechten Moment die beste Lösung in Form einer brillanten Intuition vorzuschlagen. Meistens jedoch befinden sich die Lösungen, die du suchst, bereits in dir. Sie reisen in deiner Seele mit; in der Erwartung, daß das Herz sie entdeckt. Ja, es ist das Herz, das die richtigen Antworten ohne den geringsten Irrtum findet; das Herz mußt du fragen, auf seine Stimme mußt du lernen zu hören.«

-23-
TWINKLE

»Wolken, so weiß wie der Wellenschaum,
schrumpfen und dehnen sich wie Flügel
gegen das Blau des klaren Himmels,
dessen Farben zum Abendrot verblassen.
Während das Blau langsam dunkler wird,
reißt die Nacht ihre Augen
mit Milliarden von Sternen auf.«

WÖRTLICHE BEDEUTUNG: Blitzen, Blinken.

Alles, was blinkt oder einen schönen Glanz besitzt, zieht unweigerlich den Blick auf sich. Edelsteine wären nicht so begehrt, hätten sie nicht die typische Transparenz, durch die blitzend das Licht scheint. Vielleicht bewegt sich dieser Schimmer, der uns anzieht und fast unseren Blick hypnotisiert, im Meer des Gedächtnisses und ruft dort eine Erinnerung wach, die sich jedoch sofort wieder verliert, wie ein Echo in seinem verschlungenen Verhalten. Vielleicht überkam uns die Erinnerung an das Licht, das uns geschaffen hat, und das wir unbewußt durch etwas, das unsere Augen erfreut, wiederzufinden versuchen.

HERKUNFT: Von allen Orten, an denen die Lichter der Städte und ihr ohrenbetäubender Krach weit weg sind.

Die Nachtluft wird frisch und heiter; sie lädt die vom Tage müden Sinne zum Ausruhen ein. In der verzauberten Atmosphäre der Ruhe tanzen die Feen zur Musik der Sterne um magische leuchtende Kreise.

Seit es die Welt gibt, haben die Sterne zu den lebenden Wesen gesprochen und ihnen den rechten Weg gewiesen. Besonders die Menschen haben sie immer sehr geschätzt; sie hielten sie für Orakel, die ihnen ihr Schicksal voraussagten und gaben jedem von ihnen einen Namen, damit alle anderen Menschen sie wiedererkennen konnten. Heute geschieht es nicht mehr sehr häufig, daß die Menschen ihren Blick auf der Suche nach einer Antwort zum Himmel erheben.

BOTSCHAFT: »Meine Aufgabe ist es, dir den Weg zu erleuchten, wenn die manchmal unerwartet hereinbrechende Dunkelheit dir das Weitergehen unmöglich macht. Hast du vergessen, daß du den zarten Schimmer der Sterne sehen kannst, wenn du deine Augen zum Himmel erhebst? In dem Stern, den dein Herz im unendlichen Himmel ausgewählt hat, liegt die Antwort auf deine Frage. Fürchte daher die Dunkelheit nicht. Sie ist wie ein Raum, in dem deine Seele sich manchmal einschließt, um nachzudenken und sich auf den nächsten Schritt vorzubereiten.

Fürchte dich nicht, denn die Dunkelheit birgt in sich das Blinken eines Sterns; du kannst ihn suchen, wo immer du dich auch in der Dunkelheit befindest.

Das ist das besondere Geschenk, das ich für dich habe - ein Lichttropfen, der auf deine Handflächen fallen wird. Halte deine Hände eng zusammen, damit dieser kostbare Tropfen dir nie wieder verlorengeht und dir jedesmal den Weg zeigen kann, indem er auch das tiefste Dunkel erleuchtet.«

EMPFEHLUNG: »Vielleicht sind die Sterne nur nachts zu sehen, um die Menschen daran zu erinnern, daß sie nie alleingelassen werden und die Lichtwesen immer über sie wachen, sie beschützen und auf einen Blick warten, der ihre Hilfe anruft.

Die Menschen vergessen das Licht der Sterne immer mehr, und immer seltener erheben sie ihr Haupt zum Himmel.

Mit gebeugtem Kopf schauen sie zu Boden, um nicht über das Gewirr von Komplikationen zu stolpern, die ihr Verstand endlos hervorbringt. Glaubst du nicht, es könne ein Hauch von Anmaßung in dem Gedanken liegen, daß du als einziger ohne Hilfe leidest, wenn doch die Lichtwesen an deiner Seite sind und nur darauf warten, daß du sie rufst?

Aber du bist es, der um ihre Hilfe bitten muß. Deine Bitte gilt als Geste der Demut, in der du anerkennst, daß du im Dunkeln tappst und auf deinem Weg deine Augen von der Dunkelheit geblendet sind.

Und du weißt, daß du das Ziel deiner Reise nicht ohne ein kleines Licht, das dir den Weg weist, erreichen kannst.«

-24-
SEAWEED

»Du bist ein kleiner Salzwassertropfen,
den das Meer in den Himmel gespritzt hat.
Fliege glücklich und sicher auf deinem Weg
in die Welt, die dir unbekannt ist
und von unruhigen und unbeständigen Winden
umweht wird.
Erinnere dich daran -
in dir ist das ganze Meer.
Vergiß das nie, wohin auch immer
dein Flug dort oben dich bringen wird.
Das ganze Meer ist in dir enthalten.
Was auch immer deine Form und Richtung ist,
die du in deiner Entwicklung annimmst.«

WÖRTLICHE BEDEUTUNG: Alge.

Wie könnte man nicht ans Meer denken, wenn man eine Alge sieht? Sie verströmt seinen starken, scharfen Duft. Wie eine andere Art von Luft bringt das Meer in dieser besonderen Vegetation kostbare Elemente hervor. Nach den gleichen Prinzipien wird das Wasser zu einer anderen Art von Himmel, um den Menschen die schöne Erfahrung des Schwimmens zu ermöglichen, das einem Flug ohne Flügel gleicht.

HERKUNFT: Als der erste Mondstrahl die Oberfläche des Meeres berührte, brach er sich wie ein kostbarer Kristall in kleine Lichtfragmente. Das Meer, das seit der Urzeit der Nebel nur Dunkelheit kannte, leuchtete jetzt wie von flüssigem, silbernem Licht übergossen.

Die Winde wehten stark und heftig, um die letzten Schleier der Nebel zu vertreiben, die den Himmel verhüllten; das Meer sah nun zum ersten Mal die Sterne, und durch sie sah es die Augen des großen Einen wieder, der alles geschaffen hatte, und sein Herz erfüllte sich mit Freude.

Die leuchtende Spur der Mondstrahlen legte sich über das Wasser wie eine Straße, die zu den äußersten Grenzen des Meeres zu führen schien, dort, wo es in die Arme des Himmels glitt.

Und von dort kamen tanzend auf dem Wellenschaum die Geister des Meeres, beladen mit all den Wundern, die der Schöpfer ihrer Obhut anvertraut hatte. Sie gossen sie in die Tiefe dieses »großen Wassers«, das sich mit merkwürdigen, großartigen Geschöpfen von tausend Farben und Formen bevölkerte. So begann das Leben im Meer; Gott gab seinem Wasser die Aufgabe, das Gedächtnis an diesen Ursprung zu bewahren.

»Seaweed« ist eine »Nereide«, einer der Meeresgeister, an die die Seeleute der Antike ihre Gebete richteten.

Ihre Aufgabe ist es auch heute noch, den Menschen, die verloren im Sturm umherirren, zu helfen, ihr Vertrauen wiederzufinden. Wenn wir uns beim Betrachten des Meeres weit weggetragen fühlen und merken, wie in uns ein euphorisches Gefühl der Freiheit aufkommt, wenn wir, gewiegt vom Geräusch der Wellen, unsere Gedanken loslassen, dann flüstert »Seaweed« lang vergessene Worte in unser Ohr.

Ihre Stimme, lieblich und frisch wie leichte Wasserspritzer, gleicht dem Rauschen des Meeres in der Höhlung einer Muschel.

BOTSCHAFT: »Ich kann dich den Atem des Meeres lehren. Merkst du nicht, wie sein ständiger Fluß und Rückfluß der Wellen dem Atem gleicht? Dein Atem ist wie der des Meeres; ein Kommen und Gehen, ein Geben und Nehmen, Transformation und Schöpfung. Die Schätze, die das Meer in seinen tiefen Wassern birgt, wiegt es mit seinem Atem. Verborgene Schätze leben in der Tiefe deines Seins; sie sind alles, was du bist.

Vertraue auf deine Wahrnehmungen. Du brauchst nichts anderes zu tun, als deine Talente zu erkennen, ohne den anderen das Urteil über deine Qualitäten zu überlassen. Biete sie ihnen dar, einfach wie das Atmen, wie man ein Geschenk anbieten würde. Wir können unseren Atem nicht auf ewig in uns eingeschlossen halten, wie auch das Meer nicht seine Wellen auf halbem Wege anhalten kann.«

EMPFEHLUNG: »Wenn der Verstand ruhig ist, wird der Atem tiefer und verlangsamt seinen Rhythmus. Die Gesten, die nun folgen, sind gesammelt, gemessen und von einer heiteren, natürlichen Konzentration bestimmt. Das ist der Augenblick, in dem du das Tor zur Intuition öffnen kannst, der flüchtige Moment der Verbindung mit dem eigenen Selbst. Das gesamte Universum folgt dem tanzenden Rhythmus des Atems, von der nichts, nicht einmal die scheinbare Festigkeit eines Felsens im Berg, ausgeschlossen bleibt. Und du reproduzierst mit deinem Atem dieses Universum, lebst diese Schöpfung und schaffst deinerseits Universen. Nimm das Geheimnis der Welle auf, die sich im Ein- und Ausatmen ergießt und sich von neuem mit dem Meer vermischt.«

-25-
LAZULI

»Beruhige deinen Atem und folge seinem Hauch.
Laß dich gehen in seinem Fluß,
wie ein kleines Blättchen,
das auf dem Wasser eines frischen Bachs dahintreibt.
Dein Geist, erfreut über diese Erfahrung,
beruhigt sich; er kann sich dem Gesang
des Wassers anschließen
und mit dem Blau des Lichts verschmelzen,
das jetzt alles einhüllt.«

WÖRTLICHE BEDEUTUNG: Lapislazuli.

Das intensive Blau dieses Steins bringt den Verstand und den Geist zur Ruhe. Der Lapislazuli ist dafür bekannt, daß er die Konzentration und die Meditation fördert und damit die Verbindung mit dem höheren Selbst erleichtert. Im antiken Ägypten wurde der Lapislazuli als Götterbote angesehen, als Träger der Wahrheit, des Lichts und der Reinigungskraft.

HERKUNFT: *Lazuli* gehört zu einer Art von blaufarbigen Feen, wie der Stein, nach dem sie benannt sind.

Im Gesang ähnelt ihre Stimme der des Wassers, so daß wir Menschen sie nur schwer unterscheiden können. Wahrscheinlich geht der Ursprung dieser Feen auf die Zeit zurück, in der das große Wasser, das die gesamte Erde bedeckte, sich zurückzog und die Ozeane bildete, wobei es jedoch ein Zeugnis seiner verborgenen Anwesenheit im Herzen der Berge zurückließ. Im Sommer, wenn die Gletscher schmilzen und die Bergbäche anschwellen, läßt sich *Lazuli* von deren Strömung tragen. Sie verweilt an den Stellen, wo das frische Wasser plötzlich herunterstürzt, wodurch kraftvolle, fröhliche Wasserfälle entstehen. An solchen Stellen kann man fast immer die Anwesenheit von Feen verspüren.

Es ist eine wunderbare Erfahrung, auf eine Gruppe von Bergbach-Feen zu treffen. Wenn man gut zuhört, mit offenem, sensiblem Gemüt, kann man ihren Gesang hören, wie er sich mit den Stimmen des Wassers vermischt, das heiter zu Tal strömt.

BOTSCHAFT: »Meine Aufgabe ist es, dich bis zur Schwelle des Verstandes zu bringen, an der die Intuition wohnt, und dich sanft in das Blau dieses Universum zu schieben, bis zum Ozean der Eingebung; jenseits deiner Illusionen, in der heiteren, ruhigen Reise des Verstandes, der sich mit dem Herzen vereint.

Damit du die Wahrheit deines göttlichen Selbst erreichen kannst und deine Seele durch ihren Weg reinigst, um sie schließlich mit dem goldenen Licht der Weisheit zu bekleiden. Der letzte Teil der Reise bringt die Vereinigung. Deine Wahrnehmung wird tiefer, und du wirst die uralte Erinnerung an deinen Ursprung wiederfinden. Dorthin kann ich dich bringen, wenn du meine Stimme hörst, wie sie mit dem Gesang des Wassers verschmilzt, das heiter zu Tal fließt, getragen von der Strömung der kraftvollen, fröhlichen Wasserfälle.«

EMPFEHLUNG: »Auf der Suche nach Vollkommenheit gerät man manchmal in Gefahr, übergenau zu werden, so daß man unbewußt eine pedantische, gekünstelte Haltung annimmt. Wenn du dich oft beobachtest und wie im Rampenlicht fühlst, dann ist wahrscheinlich der Moment gekommen, an dem du anhalten solltest. Denn dein Gefühl könnte von deinem Verlangen nach Unfehlbarkeit kommen; es könnte vielleicht den Wunsch verbergen, allen zu gefallen und dich deshalb oft ins Zentrum der Aufmerksamkeit rücken.

Auch dich selbst zu sehr im Dienst der anderen aufzuopfern, dich zu sehr für alle Forderungen zur Verfügung zu stellen, zu entgegenkommend zu sein, kann im Grunde das Feuer des Stolzes verbergen. Außerdem erlaubt dir deine Empfindsamkeit, wenn sie zu sehr auf sich selbst konzentriert ist, nicht, die Intuition geschehen zu lassen, die den Zugang zu feineren Wahrnehmungsformen ermöglicht und dich der Substanz der Dinge näher bringt. Sei also »nachgiebig« und verständnisvoll, wenn du merkst, daß du in eine übertriebene Kritiksucht entgleist, die dir selbst und den anderen schadet. Kritik ist ein Urteil, das dir nicht zusteht, eine Barriere, die du zwischen dir und der Erkenntnis aufbaust. Halte daher deinen Geist offen und erinnere dich bei dem Versuch, dich selbst zu verbessern, daß die Augen der Welt nicht die Augen des Schöpfers sind.«

-26-
WHISPER

»Mit wieviel zur Schau getragener Nachsicht
beurteilen wir die Arglosigkeit eines Kindes,
das vor dem Einschlafen
einen Kuß zu den Sternen hinaufschickt.
Schade, daß wir nie den Blick zum
Himmel erheben, um die sanfte Antwort
auf diesen Kuß zu sehen.«

WÖRTLICHE BEDEUTUNG: Flüstern.

Unser rebellisches Gemüt ist leichter durch ein Flüstern als durch eine befehlende Geste zu überzeugen. Ein Flüstern durchdringt sanft den Geist, ohne das Herz zu erschrecken; seine Botschaft kann die Barrieren des Geistes leichter überwinden und direkt zum Bewußtsein vordringen.

HERKUNFT: In den milden Frühlingsnächten, wenn der sich erhellende Nachthimmel den Mondaufgang am Horizont ankündigt, können wir, wenn wir viel Glück haben und gut aufpassen, draußen auf dem Land einen kleinen Lichtpunkt sehen, der vor uns herhüpft.

Das ist »Whisper«, die daherkommt und mit dem Abendwind spielt. Sie und ihre Schwestern laufen einander nach und kreisen in der Luft, was hier und da unvermittelt Wirbel auslöst, die sich jedoch sofort wieder verlieren. Zurück bleibt nur das Echo ihres vergnügten Lachens.

BOTSCHAFT: »Meine Aufgabe ist es, dein kindliches Herz zu wecken, indem ich dir süße Lieder zuflüstere, während du heiter im Schlafe ruhst. Jedes von ihnen bringt dir ein Raunen von einer Welt unglaublicher Schönheit, in der alle Lebewesen die gleiche Sprache sprechen. Dort können alle ohne Ausnahme einander verstehen; es gibt keine Trennung mehr. Diese Welt ist der Traum, den du vergessen hast, als du noch ein Kind warst, im Traum lächeltest und in einem stillen Dialog, der eure Wesen auf einer tiefen Ebene vereinigte und einen Kontakt zwischen euch herstellte, mit den Tieren zu sprechen wußtest, mit den Blumen, den Bäumen, dem Mond oder den Sternen. Du kannst auch heute noch diese Einheit wiederfinden, wenn du das Kinderherz wieder zu wecken vermagst, das in der Zeit zurückgeblieben ist, um dem Flüstern der Dinge zu lauschen. Das einfache Herz dieses »speziellen« Kindes kannte das Geheimnis, den Punkt der Vereinigung zwischen allen Lebewesen, das Zauberwort, das um die Essenz aller Dinge weiß – die Sprache der universellen Liebe. Und in Erinnerung an jene Sprache, die auch du einmal kanntest, wirst du das Kind wiederfinden, das voll am Leben teilnahm, seinen Duft aufnahm, seinen Geschmack genoß und heiter und vertrauensvoll mit ihm der Zukunft entgegenlief.«

EMPFEHLUNG: »Vielleicht hast du schon einmal die Erfahrung gemacht, in einem fremden Land in der Verlegenheit zu sein, mit niemandem reden zu können, weil du die Sprache nicht beherrschtest, und ein wenig frustriert auf die Sprache der Gesten zurückzugreifen, um einen Kontakt mit deinem Gesprächspartner herzustellen. Vielleicht hast du dich auch schon oft gefragt, weshalb es so viele verschiedene Sprachen gibt, wo es soviel einfacher wäre, wenn wir alle ohne Anstrengung miteinander sprechen könnten. Und dennoch, diese Begrenzung trennt uns nur scheinbar, denn viel tiefer sind die Trennungen zwischen den Menschen und die zwischen den Menschen und der Welt. Die universelle Liebe ist der Zauber, der die Seelen von den Begrenzungen befreit, wodurch sie entdecken, daß sie einander verstehen können, ohne Worte zu benötigen, und einander in der kurzen Zeit eines Lächelns umarmen. Und die Seelen aller Lebewesen kennen diese »geheimnisvolle Sprache«; sie teilen sie miteinander in einer Geste, die sie in einem Bündnispakt vereint, den nur das schweigende Herz kennt. Diese »magische Energie« ist auf der ganzen Welt bekannt; in ihr gibt es keine kulturelle Trennung. Die Energie dieser Sprache kannst du leicht erlernen und weitergeben, wenn du willst, um das Gespräch wieder aufzunehmen, das du als Kind abgebrochen hast; nunmehr jedoch mit deinem Bewußtsein von heute. Und so wirst du ein Schwätzchen mit einem Baum, mit dem Gras, das dir die Füße kitzelt, wenn du barfuß über eine Wiese spazierst, oder mit dem Mond halten können, der lächelnd am Horizont auftaucht, oder mit dem, was du für eine Eidechse hältst. Oder du wirst jemandem, der still vor sich hinleidet und in deinen Augen nur das Leuchten eines Blicks sucht, ein Lächeln schenken.«

-KOBOLDE-

-27-
WILLY-NILLY

»Der Klang des Bächleins,
seine gurgelnde Stimme,
seine Frische
und Durchsichtigkeit
machen das Herz frei.
Lausche.
Hörst du nicht, wie es lacht?«

WÖRTLICHE BEDEUTUNG: Wohl oder übel.

Manchmal trotzen wir wie Kinder bei einem Problem, das mit ein wenig gutem Willen leicht gelöst werden könnte. Hinter der starrköpfigen Haltung, die wir in solchen Situationen an den Tag legen, verbirgt sich in Wirklichkeit unsere Frustration darüber, daß wir unseren Willen nicht durchsetzen konnten oder auch, daß wir tatsächlich gar nicht das Recht haben, das wir um jeden Preis behaupten möchten. Die Dinge sind nicht immer so, wie wir möchten; das müssen wir am Ende wohl oder übel akzeptieren.

HERKUNFT: Er lebt in Gruppen mit seinen Artgenossen, weit entfernt von den »Dörfern« der Menschen, da er die freundlichere Gesellschaft der Waldwesen vorzieht. Wenn er sich von seinem Klan entfernt, dann nur für einen kurzen Ausflug in die Stadt, wo er gern die seltsamen Gewohnheiten der Menschen beobachtet. Manchmal beschließt er, eine Weile lang in der Nähe eines Menschen zu bleiben; dafür hat er seine besonderen Gründe.

BOTSCHAFT: »Die Menschen diskutieren gerne miteinander. Das tun sie oft, bei jeder möglichen Gelegenheit; wir haben den Eindruck, daß diese Beschäftigung ihnen großen Spaß macht. Sie diskutieren und regen sich über Dinge auf, die wir nicht verstehen; und ihr Vergnügen daran, sofern es überhaupt wirklich ist, erscheint uns recht seltsam. Sogar in ihren inneren Dialogen entstehen heftige Diskussionen mit einem anderen inneren Selbst, das meist sehr eigensinnig und unbeugsam ist. Wenn sie in einem Gespräch streiten, dann versuchen die Menschen in Wirklichkeit oft nur, hartnäckig ihren eigenen Standpunkt durchzusetzen. Wir halten diese Art, mit Gedanken umzugehen, für ziemlich beschränkend, denn ihre Energie wird dadurch blockiert und ihre wahre Bedeutung bleibt unverständlich. Außerdem können die Gedanken, wenn sie nicht mehr ineinander übergehen, sich nicht transformieren und zu neuen Ideen weiterentwickeln. Die Energie, aus der die Gedanken bestehen, kann nur dann frei fließen, wenn die Mauer des Stolzes niedergerissen ist und zwischen den Personen die Bereitschaft zum Zuhören, zur Freundlichkeit und zum Respekt besteht, und damit zu einem größeren Verständnis; wenn sie also bereit sind, sich ohne Konkurrenzgefühle in die Augen zu blicken und nicht nur die Grenzen, sondern auch den Wert des anderen zu erkennen.«

EMPFEHLUNG: »Nach einer heftigen Diskussion kann es manchmal geschehen, daß du dich frustriert, entmutigt und von den Übergriffen deines Gesprächspartners enttäuscht fühlst. Und wahrscheinlich brütest du wütend über deine Unfähigkeit, dich durchzusetzen und sinnst über das dumpfe Gefühl der Niederlage nach. Auf seinen eigenen Ideen zu beharren, ist oft der reinste Krieg! Der »Sieg« über deinen Gegner ist jedoch nur vorübergehend; im Grunde genommen bist du ja nicht anders als er. Es ist richtig, seine Ideen weiterzutragen, aber oft machen wir das am falschen Ort und zur falschen Zeit. Anstatt sie vorzutragen, drängen wir sie oft den anderen auf. Das tun wir vielleicht, weil wir unsere Unsicherheit verbergen wollen oder weil wir merken, daß diese Idee oder Meinung, die wir mit Hartnäckigkeit, oft auch Arroganz, durchsetzen wollen, Schwächen hat. Wir können dennoch fest bei unserer Meinung bleiben, ohne gleich zu schreien. Wir können innerlich an einer Idee arbeiten und überprüfen, wie richtig sie ist und wie sehr sie sich der Wahrheit nähert. Wir können selbst zu unserer Idee werden und sie in uns arbeiten lassen, wobei wir uns entwickeln und verändern, indem wir unser Verhalten, unser Sein und unsere Sicht der Welt daran anpassen. Diese Idee wird stark sein, weil sie vollkommen mit unserer Haltung, unseren Worten und unseren Gefühlen übereinstimmt und weil wir uns unserem Denken entsprechend verhalten. Und eines schönen Tages werden wir merken, daß wir nicht mehr an verletztem Stolz leiden und mehr Verständnis und vielleicht auch etwas mehr Liebe für unseren Nächsten entwickelt haben. Wir werden fähig sein, den ersten Schritt auf ihn zu zu machen, weniger mit Worten und Lächeln geizen und weniger darauf drängen, unsere Meinung zu sagen.«

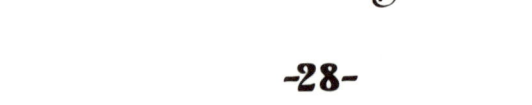

-28-
WIDE AWAKE

»Nimm mich in deine Arme
und gib mir die Flügel,
um über den Nebel hinaus
zu fliegen.
Meine Seele ist wie eine Wolke;
Sie kennt den blauen Himmel,
der auf sie wartet.«

WÖRTLICHE BEDEUTUNG: Wach, wachsam.

Aufmerksam zu sein und sich für die Dinge zu interessieren, ohne sich jedoch damit zu identifizieren, bringt uns den rechten Abstand, der uns erlaubt zu beobachten, ohne zu beurteilen, wobei wir gleichzeitig die Fähigkeit haben, die Sache selbst zu sein. Das bedeutet, wach zu sein und bereit zu handeln, beinahe bevor das Bedürfnis in demjenigen auftritt, der uns ruft.

HERKUNFT: Von den warmen, sonnigen Lichtungen, die zwischen den Bergen bestimmter Regionen in Südosteuropa liegen; von Orten, an denen Lärm unbekannt ist und nur die harmonischen Stimmen der Natur widerhallen.

Wenn wir aus dem Halbschatten eines Waldes heraustreten, kann es geschehen, daß wir verwundert und fasziniert auf die »schöne Einfachheit« einer Lichtung schauen, die plötzlich vor unseren Augen erscheint.

Gerade noch hatten wir mit den verwachsenen Büschen zu kämpfen, die streckenweise unseren Weg versperrten, so daß der von Bäumen freie Platz nunmehr riesig erscheint.

Das unerwartete Sonnenlicht läßt uns die Augen zusammenkneifen, um sie vor dem blendenden Licht zu schützen und uns auf die neue Art von Landschaft einzustellen, in der das Leben so anders ist als das geheimnisvollere Leben des Waldes. Das Panorama vor unseren Augen erscheint fröhlich und verspielt; es lächelt uns heiter zu. Und dennoch herrscht Stille ringsum.

BOTSCHAFT: »Ich möchte dir von der Stille und von ihrem Reich erzählen, das sich jenseits der Geräusche und des Lärms erstreckt, jenseits des unaufhörlichen Summens der Gedanken, die einander meist pausenlos verfolgen und sich auftürmen. In Wirklichkeit gibt es kein Geräusch, das die Musik des Lebens unterbricht, nicht einmal das, was wir hervorbringen. Machen wir daher Platz für das Zuhören und betreten wir einen Ort, an dem unsere Sinne im Frieden des Herzens weit werden. Ich möchte dir helfen, die Stille wiederzufinden, das Bedürfnis danach in dir zu erkennen, weil die Seele in ihrer heiteren Ruhe wach wird. In der Stille kann man, wenn man aufmerksam zuhört, die zahllosen feinen kleinen Stimmen aller Dinge wahrnehmen.

In dieser Stille können wir den Herzschlag desjenigen hören, der uns nahesteht, wie er jenseits der Worte »spricht« und uns seine Wahrheit enthüllt.«

EMPFEHLUNG: »Die Stille ist ein »Ort«, der sich im unbegrenzten Raum ausbreitet. Er ist offenbar ohne Grenzen und erschreckend, wenn nicht du es bist, der ihn sucht, sondern er zu dir kommt; wenn du für einen Augenblick seine Stimme hörst, die dich ruft.

Du scheinst diese Stimme nicht zu kennen, die so viele Ängste in dir hervorruft. An diesem Ort wirst du dich selbst treffen. Ist es das, wovor du fliehst?

Dennoch spricht dein Herz an diesem Ort zu dir; es kann dir erzählen, wer du wirklich bist.

Wovor fürchtest du dich?

Wenn du es schaffst, an diesen Ort der Stille vorzudringen, wirst du entdecken, daß du dich ihm mit einer neuen, unbekannten Kraft hingeben kannst; du wirst die belebende Erfahung kennenlernen, die wie kristallklares Wasser deine durstige Seele laben wird. Glaubst du nicht, der Moment sei gekommen, um »leiser zu stellen«?

Wenn es auch schwerfällt, so mußt du doch im Lärm deines täglichen Lebens der Stille erlauben, Raum zu gewinnen und sie in dir zu erkennen. Es gibt keinen Platz mehr, an dem Menschen leben, noch gibt es einen Augenblick in seinem Tagesablauf oder seiner Zeit, in der man das Rascheln der Blätter im Wind oder das leise Knacken eines Baums hören könnte, der im Wachstum sich zum Himmel streckt.«

-29-
WIMBLE

»Die Sonne, der Himmel, das Blau über den Bergen
und die herrlichen rosagoldenen Wolken.
Der Wald. Die Geräusche des Waldes.
Ein leichter Wind läßt die trockenen Blätter
auf einigen Bäumen rascheln.
In der Luft das Summen unzähliger Insekten.
Der Gesang und das Trillern der Vögel.
Ein Mäusebussard im Tiefflug;
der Duft von Kräutern und nasser Erde.
In der Nähe rauscht ein kleiner Bach.
Das ist das Universum, das bist du,
das sind wir zusammen.«

WÖRTLICHE BEDEUTUNG: Aktiv, beweglich.

Die Beweglichkeit, auf die sich der Name bezieht, ist weniger körperlich als geistig. Die geistige Fähigkeit also, aktiv, allzeit bereit und somit offen und flexibel zu bleiben,wenn es gilt, die großen Sprünge zu machen, die manchmal notwendig sind, um Hindernisse zu überwinden, die uns auf die Probe stellen.

HERKUNFT: Er lebt in der Dimension, die wir nur wahrnehmen können, wenn wir in der Lage sind, die Stimmen der Dinge um uns herum gleichzeitig, aber auch einzeln unterschieden zu hören und uns als Teil davon zu begreifen, der nicht mehr getrennt ist, sondern teilnimmt an jenem Moment, der die Gegenwart ausdehnt, unser Gedächtnis ruft und uns den Geschmack der Ewigkeit bringt.

BOTSCHAFT: »Was täuscht dich über den Sinn des Lebens, wenn du dich in Gedanken und Werken pausenlos anstrengst und beschäftigst, ohne jenen Ausbruch stoppen zu können, der jeden Augenblick und die Zukunft mit Angst besetzt; diesen Ansturm, der die kindliche Eile der Neugier und des Lebensdurstes in die mechanische Hast der Zeit verwandelt hat?

Findest du, daß damit dein Bewußtsein beruhigt oder gesättigt wird? Aber in der Zeit, der du nachläufst, liegt auch die Zeit des Gesangs an das Leben. Die Schwalben singen bei ihrem Flug der spielerischen Verfolgung am Himmel ein Loblied; sie finden die Zeit in der fliehenden Zeit. Es entbehrt nicht des Sinns, wenn sie über den Himmel fliegen und sich vom Wind dahintragen lassen. Ihr Zwitschern klingt glücklich und zufrieden wie das Lachen der Kinder.

Es braucht keine Worte, denn es braucht keine Fragen.

Erschaue, wie die Farben zum Regenbogen, die Tropfen zum Ozean oder die Sauerstoff-Moleküle zur Luft gehören. Halte für einen Augenblick deine Schritte an und höre zu. Lausche dem Klang, der von der Seele kommt und in diesem Moment deiner Seele etwas ins Ohr flüstert.

Höre die Musik im heftigen Wind, die Stimme, die im fließenden Wasser vibriert, das Geräusch des Flügelflatterns, das leichte Lied der Blätter, des fallenden Schnees, das warme Lied der Sonne, den Rhythmus deines Atems und den Klang jeder Farbe, und die Zeit wird nicht mehr existieren.

Du bist hier, nur das zählt. In diesem im Werden aufgehobenen Moment hörst du dein Herz, das im Herzen des Lebens schlägt.«

EMPFEHLUNG: »Was verbirgt sich hinter deiner Eile, die Zukunft zu erreichen? In der Sorge um diesen Lauf ist oft der Wille enthalten, dich nicht nach dem Sinn deines Lebens zu fragen.

Manchmal offenbart sich die Zukunft, die du siehst, als Trugbild, woraus du ersehen kannst, daß du einer Illusion aufgesessen bist.

Wo ist deine einstige Sorglosigkeit geblieben? Oder redest du dir ein, keine Zeit mehr für solche »Kindereien« zu haben?

Verloren ist nur die Zeit, in der wir unserer Seele nicht den Raum lassen, das ihr geschenkte Leben zu leben. Ein Leben, das sich in Freude, Schönheit und Liebe ausdrückt. Ein wunderbares Leben, trotz allem. Ein Leben, in dem die Seele sich für die Erkenntnis entschieden hat, weil sie lernen will, frei zu sein.«

-30-
FORELOCK

»Trink einen Schluck aus dem Becher, den ich dir reiche.
Darin ist der Nektar der Freude,
der die Seelen in einem Zwiegespräch der Liebe vereint.
Nicht ein einziger Schluck davon
soll sinnlos vergeudet werden,
denn er besiegelt den Pakt der Einheit,
die ewige Freundschaft mit dem Leben.«

WÖRTLICHE BEDEUTUNG: Locke, Haarbüschel.

Im übertragenen Sinn bedeutet sein Name »blitzartig auffangen« oder »eine Gelegenheit ausnutzen«. Das setzt natürlich voraus, daß wir in der Lage sind, diese Gelegenheit im Gewirr der verführerischen Versuchungen zu erkennen, die uns oft bei ihrem Auftauchen vom Wege abbringen. Gelegenheiten haben nicht immer das Aussehen, das wir von ihnen erwarten.

HERKUNFT: Es wird berichtet, daß dieser Kobold manchmal in alten, inzwischen verlassenen Fuchshöhlen wohnt oder in einem warmen, komfortablen Bau mit einer Hasenfamilie zusammenlebt, die gerne ihren Raum mit ihm teilt, obwohl sie sehr zahlreich ist. In gewissen Regionen des europäischen Nordwestens sagt man, die seltsamen Tänze, die die Hasen im März aufführten, hätten sie von »Forelock«, dem schwungvollen Tänzer, gelernt, der sich damit wahrscheinlich irgendwie für ihre Gastfreundschaft revanchieren wollte.

BOTSCHAFT: »In manchen Momenten des Schmerzes fordert dein Leiden Antworten ein, die niemand geben kann. In solchen Situationen kann kein Wort oder keine Geste dich trösten; denn in dem Leid, das du empfindest, liegt die Unruhe der Seele, die nach sich selber sucht. Du versuchst hektisch, die Angst zu beruhigen, die dich überfallen hat, und das Spinnennetz der Zweifel zu zerreißen, in dem du dich verfangen hast, während du in Wirklichkeit weit weg geflohen bist, an einen Ort, wo niemand dich schreien hört und niemand die ohnmächtigen, rebellischen Tränen sieht, die deine Wangen benetzen. Dennoch gibt es in solchen Situationen ein Mittel, das dich trösten und deine aufrührerischen, verwirrten Gefühle beruhigen kann. Mutter Erde verteilt dieses Heilmittel großzügig unter uns. Wir können das Rezept dazu in jeder Manifestation der unendlichen Liebe finden, die uns das fehlende Element liefert, die Lösung für diesen Augenblick. Du kannst diese Heilmethode belächeln oder zu einfach, selbstverständlich oder nutzlos finden, weil du inzwischen an »regelmäßig einzunehmende Medizin« gewöhnt bist und erwartest, daß die anderen dir deine Heilung bringen. Aber in Wirklichkeit kannst nur du deinen Weg finden. Die »Medizin«, die die Erde dir anbietet, erfordert zunächst einmal deine aktive Mitarbeit und ein Vertrauen, das sich in dir ausbreitet, in die Stimmen der Bäume, des Regens, des Windes, in ein Tier, das plötzlich im Wald auftaucht. Du könntest dir anhören, was sie dir zu sagen haben. Diese Stimme wird zu deiner Seele sprechen, indem sie sich in Intuition verwandelt, und so wirst du den Weg finden und den Mut, ein kleines Stück weiter zu gehen.«

EMPFEHLUNG: »Leiden bedeutet Trennung; sie ist die einzige Einsamkeit, in die wir uns manchmal freiwillig flüchten, solange wir es aushalten. Und solange wir in der Trennung verharren, wird es keinen Trost für uns geben. Mit etwas Willensanstrengung können wir uns aber von der verfälschten Wahrnehmung, die unser Schmerz uns vorgaukelt, entfernen und aufrichtig in der Stille unseres Herzens um Hilfe bitten. In der Natur manifestieren sich unvorstellbare Energien und Kräfte. Wenn wir sie zu beobachten wissen und von der Gleichgültigkeit Anstand nehmen, mit der die Menschen sie gewohnheitsmäßig wahrnehmen, so werden wir entdecken, daß Gott in dieses Reich alle Antworten auf unsere Fragen gelegt hat. Alles in der Natur spricht von Einheit, Beziehung, Gleichgewicht, Teilnahme und Austausch; von Kontinuität, Verwandlung, Ernährung und Heilung. Die Geschöpfe dieser Welt, die uns manchmal so weit entfernt erscheint, können zu unseren Gefährten werden auf dem Weg, den wir gerade gehen. Sie können uns die Antwort auf unsere Hilferufe geben, indem sie den Kanal offenhalten, der sich zwischen uns geöffnet hat und uns erlaubt, den stillen Dialog unter uns fortzusetzen. Es genügt ein Augenblick, um zu »spüren« und diese angenehme Gewohnheit der Freude wiederzufinden, die die spirituelle Zwiesprache mit der Natur uns wiedergegeben hat - wie in einem Zauber. Oft bewirken kleine Zauber große Wunder.«

-31-
ALLOW

»Aus der Stille deines Herzens,
das lange unbewegt und nachdenklich blieb,
werden dann Farben hervorkommen,
und daraus die Klänge,
die sich tanzend in das Universum ergießen werden.
Und du wirst in dieser Musik sein;
dein Märchen wird beginnen,
wenn du es so willst.
Du mußt nichts anderes
und nichts Herrlicheres tun,
als zu leben.«

WÖRTLICHE BEDEUTUNG: Erlauben, zugestehen.

Wenn unser Verstand keinen Widerstand mehr leistet und sich der inneren Stimme anvertraut, so entsteht aus diesem scheinbaren Verzicht eine unglaubliche Kraft. Dann erst, und nur dann, erlaubt diese Kraft dem Herzen, sein Licht auszustrahlen.

HERKUNFT: In den hellen Nächten, wenn die vom Mondlicht erleuchtete Landschaft in silbernes Licht getaucht wird, macht sich dieser freundliche, weichherzige Kobold auf seine einsamen Wanderungen. In dieser zauberhaften Atmosphäre verfasst er inspirierte Lieder, die er mit warmer, gefühlvoller Stimme singt, wozu er seiner Flöte liebliche Klänge entlockt. Allow singt für alle sensiblen, schüchternen Menschen, deren Herz voller Zärtlichkeit und Liebe zu den schönen Dingen des Lebens ist, die sie aber nicht auszudrücken wagen, nicht einmal vor sich selbst. Sie sind von ihrer Unfähigkeit überzeugt, das auszudrücken, was ihr unbeachtetes Herz ihnen sagen will.

BOTSCHAFT: »Für dich, den leichten Geist mit geflügelten Füßen und dem wunderbaren Traum des Lebens im Herzen, dessen Wirklichkeit du jedoch nicht ausdrücken kannst. Vagabund mit der lächelnden Seele, neugieriger, schüchterner Liebhaber. Für dich, Tänzer und Musiker von kapriziösem Schwung, der auf Zehenspitzen versucht, die menschliche Seele zu betreten, um einen Kuß zu bitten, um Liebe zu erbitten, der aber nicht zu fragen wagt. Für dich, der du in weit entfernter Stille liebliche Klänge und Stimmen hörst; dir verlorene Universen vorstellst, in denen jeder Raum grenzenlos ist. Dir, heimatloser Seefahrer, der du das Land der Träume suchst, möchte ich ein Stück Land am Horizont anbieten. Die Erde, an der du an Land gehen mußt - dein Herz. Es gibt keine größere Insel, die noch so unbekannt ist. Alles, was du spürst, kommt von deinem Herzen. Seine Stimme ist es, die du hörst, sein Duft, den du riechst. Seine Augen schauen in deine Augen; sie beobachten dich in deiner Seele. Ich kann dir nur ein Verlangen schenken. Wenn du es willst, so hängt seine Entwicklung nur von dir ab. Ein einziger Wunsch läßt dich den Mut finden, dein Herz zu erkunden, und den Mut, ihm zuzuhören.«

EMPFEHLUNG: »In dir ist etwas ganz Besonderes verschlossen, wie eine Perle in ihrem Muschelkästlein, die auf eine Gelegenheit wartet, ihre Schönheit zu zeigen. Die Perle umgibt sich seltsamerweise mit einer unauffälligen Muschel. Nicht der äußere Aspekt bestimmt den Wert des Inhalts, was du wohl weißt, denn manchmal gehst du sogar so weit, allem zu entfliehen, was deine Anwesenheit deutlich machen könnte. Mit der Zeit jedoch gewinnt der äußere Aspekt die Oberhand, und du fühlst dich immer unsicherer. Jedesmal, wenn die Welt von dir verlangt, dich zu exponieren, fürchtest du, mit der Wirklichkeit konfrontiert zu werden, und du hältst dich nicht für fähig, deine innere Welt oder das, was deine Sensibilität dir erlaubt wahrzunehmen, auszudrücken. Dir scheint, als ob deine Gedanken sich nie mit denen der anderen messen könnten. Und doch ist deine innere Welt reich an Gefühlen, die nur darauf warten, sich zeigen zu können. Deine große Empfindsamkeit und deine tiefe Liebe zum Leben vermählen sich in einer Welt, die nur wenige erreichen können. Durch dieses Reich der Träume ziehen die Bilder, die deine Wahrnehmung geschaffen hat. Aber es ist keine Märchenwelt, die du hervorbringen mußt, um deine Schüchternheit zu rechtfertigen. Das Leben existiert nicht nur in deinen Träumen; du kannst es durch eben die Kreativität ausdrücken, die du nur für dich selbst reservierst. Das Geheimnis liegt wahrscheinlich darin, sich gerade dieser wunderbaren Welt hinzugeben, die dein Herz ringsum pulsieren fühlt, und zuzulassen, daß sie zur Wirklichkeit wird. Vielleicht siehst du Dinge, die andere nicht bemerken; du könntest ihnen auf eine selbstgewählte Weise helfen, ihren Blick an eine feinere und innere Vision zu gewöhnen. Versuche nicht, noch tausend Gründe zur Verweigerung zu finden. Was wäre eine Perle, wenn nicht jemand aus Zufall, Neugier oder irgendeinem anderen Grund ihre Muschel öffnete?«

-32-
TIEGEL

»Unvernehmliches Raunen
schaut mit weitaufgerissenen Augen
auf die Augen des Lebens.
Im selben Meer verschmolzen,
fühlen wir die Welle des Werdens
und der scheinbaren Rückkehr;
die Vergänglichkeit der Zeit
und die ewige Gegenwart;
den Anfang und das Ende
in der Kurve des Augenblicks
und in der Welle jenes Ozeans
die Fülle des Seins.«

WÖRTLICHE BEDEUTUNG: Töpfchen, Tiegel.

Die Bedeutung des Namens ist wahrscheinlich im Laufe der Zeit verändert worden. Möglicherweise wies er ursprünglich eher auf ein rundes Gefäß hin, wie zum Beispiel einen Becher. Dieses Bild stimmt auch tatsächlich besser mit der Bedeutung des Überflusses, der Blüte und der Gabe überein.

HERKUNFT: Vor langer Zeit folgten die Menschen zusammen mit der Erde dem rhythmischen Atem der Jahreszeiten, in deren Wandlung sie das Geheimnis des Lebens selbst sahen. Sie erkannten sie als Symbol und damit als Gelegenheit zur Erneuerung und inneren Veränderung. Der Frühling brachte einen neuen Zyklus der Geburt; an diesem heiligen Wiedererwachen nahm auch die Seele des Menschen teil. Seit dieser grauen Vorzeit hat Tiegel mit den Menschen die Rückkehr des Frühlings durch seine Teilnahme an den heiteren, festlichen Tänzen zur Feier dieses Ereignisses geteilt.

BOTSCHAFT: »Meine Stimme wird wie ein frisches Lied zu dir kommen. Sie wird wie ein feiner, wohltuender Nieselregen sein, den du seit langem erwartet hast.

Es ist der so ersehnte Augenblick des Frühlings nach einer langen Jahreszeit des Schlafes. Es ist das Erwachen des Licht-Embryos; der Knospe, die in dir, während du schliefst, auf diesen Moment gewartet hat. Der Geburtsmoment eines neuen Wesens kommt näher, das eine erneuerte Bewußtheit hat und ein wenig wirklicher sich selbst ist. Ich bringe dir den Duft des Lebens, das in dir darauf wartet, gerufen zu werden, um dich reich zu beschenken. Die Sonne ist soeben an einem heiteren Himmel aufgegangen.

Unmerkliches Raunen erweckt das Herz, und der Gedanke schweift ab, um sich in phantastischen Trugbildern zu verlieren. Der Blick geht zum Horizont, das Ohr wird zum Zuhören gespitzt, der Geruchssinn erfaßt frische Duftwolken, die Haut saugt die milde Luft auf. Harmonie verbindet uns mit der Schöpfung, in vollkommener Übereinstimmung mit dem Leben.

Jedes unserer Atome ist ein Universum im Universum.

Jenseits aller rationalen Erklärungen nehmen wir die Gleichzeitigkeit aller Dinge wahr, die in uns leben, in der gleichen Gegenwart, der Verschmelzung von Sein und Werden, in ihrem Verfall und ihrer Rückkehr.

Die heitere Freude der Verwandlung vereint uns jenseits der Begründungen, in der Gewißheit, die die Große Wahrheit dem lauschenden Herz eingibt. Die Sinne folgen nunmehr der Seele, die sich mit Leichtigkeit erhebt, um das zu hören, was das Ohr nicht wahrnehmen kann, und die Wahrheit zu besingen, die Worte nicht beschreiben können.

Jenseits des Schleiers der Illusion liegt unsere Essenz, die uns in einer kosmischen Umarmung mit dem Tanz des Lichts verbindet. Während im Augenblick dieses Gedankens der noch blasse Morgenhimmel darauf wartet, daß die aufgehende Sonne ihn mit Blau überzieht.«

EMPFEHLUNG: »Beobachte aufmerksam alles, was im Frühjahr geschieht; wie alles an dieser Veränderung der Erde, an der heiligen Erneuerung des Lebens teilnimmt, jedes Wesen, jedes Geschöpf. Welch ein Schwung, eine Explosion der Kraft, welch eine Freude, ein Licht. In der kleinen Knospe liegt die gleiche ungestüme Energie des Feuers, die aus einem Vulkan hervorbricht. Das ist die Kraft der Aktion. Bleibe nur ein einziges Mal nicht stehen, um nach Konzepten zu suchen oder das zu rationalisieren, was nur das Herz bis jetzt kennt. Laß zu, daß deine Gefühle deine Wahrnehmungen erzählen, laß sie dem Weg folgen, der von deinem Herzen offen gelegt wurde, und drehe dich nicht sinnlos um. Deine ganze Vergangenheit liegt in der Welt der Träume; und dennoch ist jeder Moment, den du gelebt hast, Teil von dir. Erlaube, daß das Resultat jeder gelebten Erfahrung, das, was du gelernt hast, mit dir geht, und setze vertrauensvoll deine Reise fort, bekleidet mit Licht.«

-33-
JACQUES SOURIRE

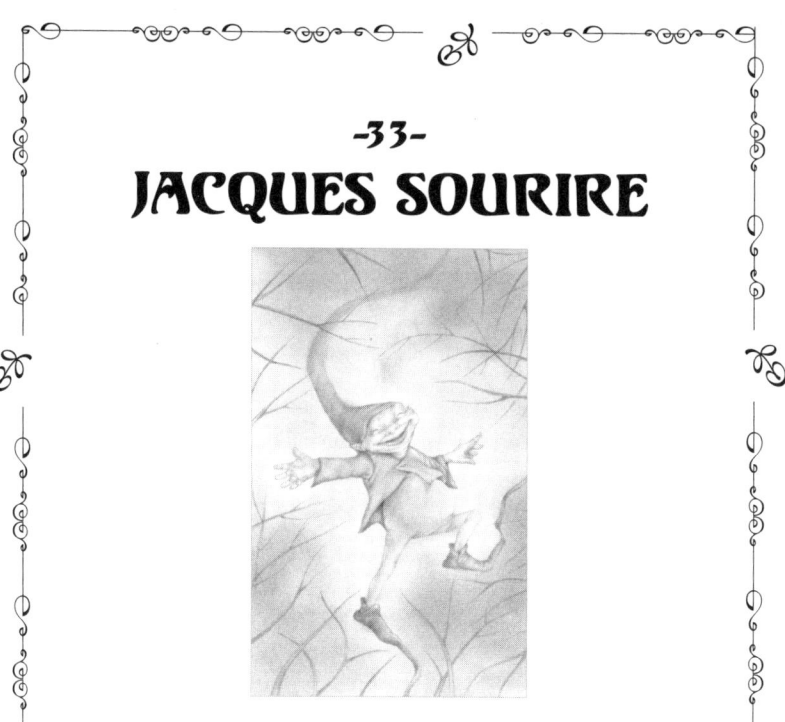

»Du täuschst mich
mit der Ironie deines Lächelns
auf den tausend Gesichtern, die du ziehst,
während du dich mit Silber bekleidest und
es wieder ablegst,
bei deinem Tanz über den Nachthimmel.«

WÖRTLICHE BEDEUTUNG: Jacques Lächeln.
Manchmal können wir in den Augen derer, die uns ansehen, ein ironisches Lächeln entdecken.

HERKUNFT: Aus den Wäldern einer westlichen Region des heutigen Frankreichs. Sein eher rundlicher Körperbau verbirgt einen gutmütigen Charakter und einen großen Sinn für Humor, der ihn die komische Seite der Dinge unterstreichen läßt. Sein kleiner Fehler – auch wenn er es nicht so nennen würde – ist eine ausgesprochene Vorliebe für das Sammeln kleiner Dinge, die die Menschen benutzen, meist von geringem Wert und oft vergessen oder irgendwo verloren.

Jacques Sourire bewahrt seine »Schätze« in kleinen, hier und da versteckten Lagern auf, wie etwa in verlassenen Höhlen oder hohlen Bäumen. Nach diesen kleinen Dingen sucht er jedoch gierig, auch wenn er es nie zugeben würde, wobei er manchmal sogar so weit geht, die Häuser der Menschen zu besuchen. Das erklärt das »mysteriöse« Verschwinden kleiner Dinge, dem wir manchmal zum Opfer fallen.

Letztendlich sind diese kleinen Dinge seine »szenischen Tricks«, deren er sich mit viel Phantasie bedient, um urkomische improvisierte Komödien aufzuführen, die er jedesmal aus seinem Repertorium auswählt. Als Meister seiner Kunst weiß er das herzliche Lachen zu lehren, das gurgelnd wie ein Bergbach hervorbricht und sich unaufhaltsam wie ein Wasserfall ergießt, um sich ringsum in Echos zu brechen.

BOTSCHAFT: »Auch wenn es dir wie eine Eitelkeit von mir erscheinen mag, so ist es tatsächlich meine Aufgabe, ein Lächeln zu suggerieren, wo es fehlt, um eine allzu große Spannung aufzulockern, und vor allem den Menschen beizubringen, eine schwierige Situation zu entschärfen. Wie oft verliert ihr Menschen euch in verschlungene Labyrinthe und verirrt euch in diesen Verschlingungen, aus denen ihr die Sorglosigkeit und die Farben verbannt habt.

Das Leben ist nicht nur eine unendliche Folge von traurigen Ereignissen, eine lange Prozession von Tragödien, eine unendliche Sammlung schwerer, zäher Dramen. Vielmehr dehnt sich das Leben wunderbar in vielfarbigen Spiralen aus, die sich nach oben winden. Man muß nur ein wenig seinen Standpunkt verändern, um die Dinge anders zu sehen. Daher möchte ich dir helfen, ein bißchen weniger graue und traurige Kostüme anzuziehen, wenn dein Hang zum »Drama« dich dazu bringt, dich selbst maßlos zu beweinen. Erlaube dir, deinem Herzen das Geheimnis eines Gelächters zu entlocken. Dann wirst du merken, wie eine neue Kraft dir Mut gibt; vielleicht schaffst du es sogar, über dich selbst zu lachen und über deine komische, sauertöpfische Miene.«

EMPFEHLUNG: »Wahrscheinlich gibt es keinen einzigen Moment im Leben, in dem wir frei sind von einer Rolle, die es zu interpretieren gilt; im Gegenteil, meistens spielen wir sogar mehrere Rollen gleichzeitig. Jede dieser Rollen hat ihr »Drehbuch«, in dem wir, meist unbewußt, einmal als Hauptdarsteller, ein andermal als Komparsen auftreten. Aber in jedem Fall gilt es, eine Rolle zu spielen, bei der wir allzu oft uns selbst vergessen und unsere innere Wahrheit, die Spontaneität unserer Gefühle; es sei denn, wir würden uns plötzlich im Stress oder in einer Krise befinden. Dann müßten wir schon einen Schritt auf uns selbst zugehen, hätten aber oft Schwierigkeiten, den »Eingang« zu unserer exklusiven inneren Welt zu finden. Es ist wahr, das Leben gesteht uns nicht viele Waffenruhen zu, sondern bombardiert uns oft mit Situationen, die nicht immer einfach zu beherrschen sind. Und wenn wir unsere Müdigkeit bemerken, bringen wir es schon nicht mehr fertig, objektiv zu bleiben. Also müssen wir uns um uns selbst kümmern, müssen lernen, uns gern zu haben. Ein wenig übel zugerichtet, aber von einer zarten Hoffnung belebt, machen wir uns dann noch ein wenig schwankend, aber entschlossen, uns selbst zu suchen, auf den Weg nach Hause. Ironie, nicht beißend scharfer Sarkasmus, ist eine gute Qualität des Geistes; sie kann unsere Tendenz zum Theatralischen, die ständig zwischen Tragödien und Komödien hin und her schwankt, offen, aber auf feine Art entlarven. Ironie steigt in uns auf, wenn die Dinge um uns herum allzu ernst zu werden scheinen.

Sich selbst veralbern zu können, hilft uns, auch unsere Schwächen unter einem anderen Blickwinkel zu sehen. Uns gern zu haben, kann bedeuten, uns zu akzeptieren, wie wir sind, einschließlich der Fehler und unzähligen Unvollkommenheiten, wobei wir jedoch in der Lage sind, für uns selbst daran zu arbeiten, die uns eingrenzenden Gefühle zu überwinden und zu transformieren. Unsere Schwächen können zu unseren Stärken werden, wenn wir lernen, sie als Führer in unserer Entwicklung zu begreifen, an ihrem positiven Aspekt zu arbeiten, ohne uns in nutzlose Kriege gegen sie zu verwickeln. Besonders gilt dies, wenn wir lernen, uns so gern zu haben, daß wir uns unsere Fehler verzeihen. Dann werden wir merken, daß es leichter ist zu lernen, wie wir es beim nächsten Mal besser machen können. Es ist uns nicht mehr so wichtig, unfehlbar zu erscheinen und anders als wir sind.

Und allmählich verwandeln wir uns immer mehr in uns selbst.«

-34-
GÜRTEL

»Laß meine zitternde Greisenhand
deinen jungen, rebellischen Kopf streicheln.
Dein Haar ist so rot wie das Feuer,
das in deiner Brust brennt.
Nimm für die Dauer eines Lächelns
das ruhige Licht meines Blicks in deine Augen an,
die schon in die Zukunft fliehen.«

WÖRTLICHE BEDEUTUNG: Gürtel.

Die Angst vor Übergriffen hat uns dazu gebracht, unseren Besitz mit Grenzen zu umgeben, um ihn zu schützen. So verhalten wir uns mit allem, was wir besitzen, nicht nur im materiellen Sinn. Wir finden eine endlose Zahl von Grenzen, mit denen wir das, was uns unverzichtbar erscheint, »umgürten«, um uns daran zu klammern.

HERKUNFT: Aus den eisigen, durch häufige, plötzlich auftretende Stürme mit Schnee und Eis bedeckten, unwirtlichen Gegenden des Nordens. Das gleiche Land bekleidet sich, wenn die milde Jahreszeit kommt, mit einem zarten Mantel von Moos und bunten Blumen. Gürtel ist ein Naturgeist von liebevollem, weisem Wesen. Sein von tausend Falten durchfurchtes Gesicht könnte zu einem müden, resignierten Alten gehören, wenn da nicht dieses liebliche, offene Lächeln wäre, das häufig die Winkel seines breiten Mundes kräuselt, und ein freundschaftlicher, verständnisvoller Blick aus seinen tiefblauen Augen wie Seen, die gelernt haben, nachsichtig zu sein. Er geht ein wenig gekrümmt und scheinbar mit Mühe, als ob sein Rücken nach Jahren der Arbeit gebrechlich geworden wäre. Aber diese Haltung hindert ihn nicht daran, gelegentlich seine unverwechselbare, für alle Kobolde typische Gelenkigkeit zu zeigen. Wenn man ihn bei solchen Gelegenheiten sehen könnte, hätte man den Eindruck, die schnellen Bewegungen und Entwicklungen eines milchgesichtigen Naturgeistes zu sehen, der sich als Alter verkleidet hat. Andererseits springt jeder richtige Kobold in den Momenten intensiver Freude und schlägt Rad und macht unglaubliche Flick-Flacks. Seine Nachsichtigkeit mit den Menschen erinnert ein wenig an einen Großvater mit seinen Enkelkindern, der ihre Widersprüche und Fragen begreift und tolerant die für dieses unreife, impulsive, aber auch schöne Alter typische Lebhaftigkeit akzeptiert. Seine Augen blitzen zu seinem Lächeln, während seine sanfte Stimme Wärme verbreitet.

BOTSCHAFT: »Ein heiterer, ruhiger See unter dem Leuchten der Sterne. Das spiegelglatte Wasser reflektiert ungebrochen das Antlitz des Mondes; sein Licht spielt mit den Bambusstengeln, die das Seeufer umgeben. Meine Aufgabe ist es, dir zu helfen, wenn der Himmel sich plötzlich verfinstert und der eisige Wind den Frieden vom See vertreibt, auf dem dein Herz ruht. Das alles verursacht Schmerz. Und in diesen Augenblicken, gerade wenn das Brausen des Sturms deinen Ruf übertönt, mußt du den Mut finden, deinem Herzen treu zu bleiben; dem verbunden, was seine Stimme dir offenbart hat, und dich eng an die Wahrheit halten, die deine Seele entdeckt hat. Kein Sturm kann dir das entreißen, was du im Licht erobert hast, wenn du es nicht willst. Sei flexibel wie die Schilfrohre am See und warte - und der Mond wird sich von neuem im Wasser des Sees spiegeln.«

EMPFEHLUNG: »Die Persönlichkeit der Menschen leidet oft unter heftigen Impulsen und Widersprüchen; fast immer wird ihr Leid vom Ungestüm ihres Charakters verursacht. Die Angst, daß der wütende Sturm alles, was du erreicht hast, zunichte machen und dich in einem Augenblick deiner gesamten Sicherheit berauben könnte, kann dich den Fehler begehen lassen, dich in den Sturm zu stürzen. In Wirklichkeit würdest du dich gegen eine Kraft auflehnen, gegen die zu kämpfen zwecklos ist. Das betrifft jeden Sturm, der mehr oder weniger aufrührerisch dein Leben durchzieht. Der wahre Mut zeigt sich nicht im blinden Kampf, sondern im festen Vertrauen auf das Licht, das jedes Herz auf seinem Wege begleitet.«

-35-
GRUMBLE-BARRY

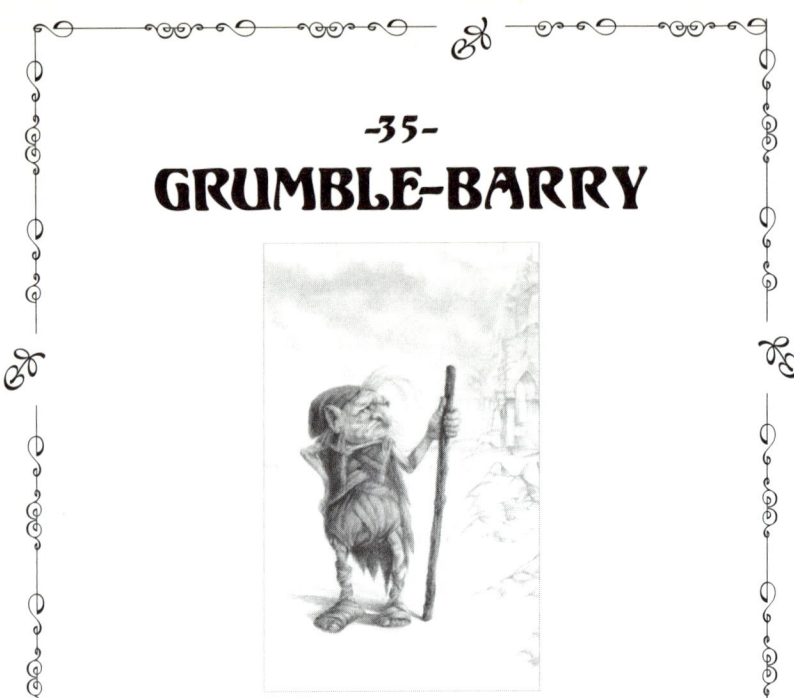

»Ich werde dir die Geschichte der Zeit erzählen.
Aus welchen Welten ihre müden Schritte kommen
und wohin sie gelenkig und frisch enteilt,
wenn sie dir mit einem Lächeln die Schulter zudreht.
In ihren Augen liegt der Abgrund der Nacht
und der unermeßliche Glanz des Tages.
Warum hast du das Gestern zu deiner Heimstätte gemacht
und die herrlichen Flügel, die sie dir geschenkt hat,
draußen auf der Schwelle gelassen.?«

WÖRTLICHE BEDEUTUNG: Brummel-Barry.

Einige etwas sonderbare Menschen von sensiblem Gemüt ziehen es vor, sich hinter einer schroffen, brummelnden Erscheinung zu verschanzen, um nicht die wahre Natur ihres guten, großzügigen Charakters zum Vorschein kommen zu lassen, weil sie diese Qualitäten als »Schwäche« einschätzen. Manchmal sind gerade diese Personen mehr als andere fähig zum Verzicht und zu unvergleichlichen Anwandlungen von Zärtlichkeit.

HERKUNFT: *Grumble-Barry* ist ganz anders als die anderen Kobolde; man sieht ihn jedenfalls sehr selten lachen oder scherzen. Er ist ziemlich streitlustig und liebt es überhaupt nicht, in irgendeiner Beschäftigung gestört zu werden, mit der er gerade zu tun hat. Er lebt in den Ruinen von Schlössern und Abteien; aber seine Gegenwart ist weitaus häufiger zwischen den geheimnisvollen Stein-Monolithen Südenglands zu spüren. Er zieht schnell von einem Platz des Landes zum anderen, wobei er in kürzester Zeit Entfernungen von vielen Meilen zurücklegt. Die einzige Möglichkeit, sich bei ihm beliebt zu machen, ist die, ihm den Eindruck zu vermitteln, man habe kein Verlangen nach seiner Gegenwart. Er kennt unsere Bedürfnisse sehr genau; man muß ihn nicht rufen, um seinen Beistand zu erlangen. Wahrscheinlich kommt er brummend und schimpfend wie ein Kochtopf, der auf dem Feuer brodelt. Aber man braucht nur darüber hinwegzusehen und ihn machen zu lassen. Seine Art des Verhaltens ist in Wirklichkeit nur Schein, eine Art schlechte Gewohnheit, die er nicht lassen kann. In Wahrheit ist er ein gutmütiger, weichherziger Kerl, der mit Leibeskräften all die Geschöpfe verteidigt, die er in Schwierigkeiten sieht. Außerdem mag er die übertriebenen Herzlichkeiten der Menschen nicht, schätzt aber heimlich ihren Dank und jubelt innerlich vor Freude, wenn er zum Dank für seine Hilfe ein Geschenk bekommt, das er jedoch scheinbar ungern und nur aus Höflichkeit annimmt.

BOTSCHAFT: »Meine Aufgabe ist es, dir zu helfen, indem ich dich nach und nach dazu bringe, die Schwelle deiner Vergangenheit zu überschreiten. Als ob du nach einer endlosen Zeit der Suche den Ausgang aus dem Gewirr der unterirdischen Tunnel gefunden hättest, in denen du hilflos umherirrtest. Was würdest du also empfinden, wenn dein Blick über eine Landschaft hinwegschweifen könnte, die sich vor deinen Augen bis zum Horizont erstreckt? Was würden deine abgestumpften Sinne dann empfinden? Würdest du glücklich und neugierig auf dieses unbekannte, aber gastfreundliche Land zugehen, oder würde die Angst, die du im Dunkeln deiner Vergangenheit versteckt hattest, wieder die Oberhand gewinnen? Schließ deine Augen und fühle, wie die frische Luft dein Gesicht streichelt, in deine Nasenlöcher dringt und dein Lungen füllt. Spüre, wie der Mut in dich hineinfließt wie diese Luft, die die Stimme des Meeres, der Flüsse, der Wälder, der Berge mit sich bringt, und jetzt atme tief ein und beruhige deinen Herzschlag. Schau auf das Licht, das am Horizont aufsteigt, um dir den Weg zu weisen.«

EMPFEHLUNG: »Vielleicht wird es Zeit, dich zu fragen, ob du deine Vergangenheit als Ausrede benutzt, um die Annahme von Verpflichtungen und Verantwortung so lange wie möglich hinauszuschieben. Deine Vergangenheit ist vorbei, aber du kettest dein Schicksal daran. Du kannst entscheiden, ob du dem von dir gewählten Weg, mit anderen Worten, deinem Leben hier und jetzt, folgen willst. Verschwende es nicht zwischen den Kissen der Trägheit, indem du alles auf morgen verschiebst. Während du noch wartest, geht das Leben an dir vorbei, und die richtige Gelegenheit, diese besondere Chance, von der du behauptest, sie zu erwarten, um außerordentliche Dinge zu vollbringen, könnte eintreffen, ohne daß du es merkst. Die Gelegenheit liegt an der Straße des Lebens; und du bist es, der ihr entgegengehen muß. Du bist nicht auf die Welt gekommen, um Dingen nachzuweinen; erforsche also dein Leben mit Enthusiasmus, Freude und der Neugier auf das, was morgen kommt. Schließlich könnte es ein wunderbares Abenteuer werden. Dein Schicksal ist der Grund, weshalb du hier bist; die große »Gelegenheit«, die deiner Seele in dieser Zeit, in dem Leben, das du in den Händen hältst, zur Verfügung steht. Gehe Schritt für Schritt voran, und die Unsicherheiten, die aus deinem Herzen aufsteigen, werden sich allmählich nicht mehr in Ängste verwandeln. Du wirst merken, daß der Weg, den du gehst, der richtige ist, weil du in dir eine besondere Kraft fühlst, die dich aufrechterhält; eine neue Sicherheit wird in deinem Herzen entstehen; du wirst merken, daß du nicht allein bist. Fühle dich als Urheber der wunderbaren Entdeckungen, die du auf deinem Wege machen wirst. Und bleibe nicht lange bei den Fehlern stehen, die manchmal deine Schritte aufhalten. Auch sie sind notwendig. Schließlich bist du dabei, zu lernen. Glaube mir,

der Weg, den du gehen mußt, ist auf jedem Schritt voller Licht und Liebe -
ein Stück des Weges mehr, der dich zum Ziel führt.«

-36-
STOW

»Lächelnd reihst du nacheinander die Perlen auf,
mit denen du deine Brust schmücken willst.
Jede von ihnen erzählt die Geschichte
eines geduldigen Aufbaus
um ein Sandkorn herum.
Sei schön und glücklich,
wenn du sie trägst.«

WÖRTLICHE BEDEUTUNG: Verstauen, aufbewahren.

Nicht nur Menschen haben die Gewohnheit, etwas aufzubewahren, eine bestimmte Art von Dingen sorgfältig zu konservieren. Einige Tiere legen zum Beispiel für Zeiten der Not Nahrungsvorräte an. Vielleicht haben wir uns diese Gewohnheit in einer Vergangenheit zugelegt, in der das Überleben sehr viel schwieriger war.

Trotzdem bewahren wir noch heute Dinge auf, häufen sie an und verstecken sie. Wir sammeln alles, was uns wichtig erscheint, auch wenn viele dieser Dinge in Wirklichkeit unnütz und sperrig sind – aber ohne sie würden wir uns verloren und unsicher fühlen. Wahrscheinlich wäre es nicht schlecht, ab und zu über unsere wirklichen Bedürfnisse nachzudenken. Vielleicht würden wir dann entdecken, wie wenig wir wirklich benötigen.

HERKUNFT: Dieser scheinbar ernste, melancholische Kobold streift durch die dichten Wälder, in denen die Tiere Trampelpfade in der Vegetation hinterlassen haben. Er schleppt stets einen Sack mit, der leer und leicht zu sein scheint; zumindest erschien es so für diejenigen, die das Glück hatten, ihn einen kurzen Moment zu sehen.

Sein Sack ist so leicht, weil er voller leichter Dinge ist, die er hier und da aufsammelt; abgelegte Schmetterlingsflügel, Lächeln, manchmal auch ein Lachen, frische Regentropfen, ein Blatt, eine Schneeflocke oder vom Wind verwehte Blütenblätter.

BOTSCHAFT: »Ich möchte dir wirklich helfen, das schwere Gepäck zu erleichtern, das du auf deiner Reise mit dir herumschleppst. Ich weiß, daß es schwer für dich ist und du gerne darauf verzichten würdest. Es ist so gewichtig, daß ich glaube, du findest einen eigentümlichen Gefallen daran, schwere Steine als Souvenir zu sammeln. Wenn ich es genau betrachte, würde ich sagen, du füllst deinen Sack mit den düsteren, traurigen Gedanken, die dir durch den Kopf gehen. Ich mache mich nicht über dich lustig. Ich möchte dich nur zum Lächeln bringen, weil ich dir ein kleines Geheimnis verraten kann. Um dieses kleine Geheimnis herauszubekommen, muß man sich jedoch wirklich wünschen, den Inhalt dieses Gepäcks verändern zu können; man muß bereit sein, die Wärme des inneren Funkens wiederzufinden. Jedesmal, wenn sich also eine dunkle »Wolke« über deinem Kopf

137

niederläßt, könntest du sie auflösen, bevor sie sich zu einem Berg von Gewitterwolken auftürmt, indem du deinen Gedanken fest auf das Licht in dir richtest, das sie verdeckt hat. Du mußt nur die »Steine« in deinem Sack mit freudigen Gedanken vertauschen. Die Gedanken der Freude sind sehr leicht; du wirst dich über ihre Macht wundern. Ich wette, daß du viele davon in dir findest, wenn du nur danach suchst. Du wirst erstaunt sein, wenn du dann auf dem Boden deines Sacks »nur Tautropfen findest oder einen Vogelgesang, einen Windhauch, eine Morgenröte und einen Sonnenstrahl, einen zarten Kuß und ein liebevolles Streicheln.«

EMPFEHLUNG: »Wie oft hast du dir schon gewünscht wegzugehen, weil du überzeugt warst, daß auch du an einem weit entfernten Ort, unter einem anderen Himmel, anders sein würdest und das Leben einfacher wäre. Wenn du diese Erfahrung einmal gemacht hast, dann weißt du, daß es nicht so ist, sondern daß die Dinge, die du ändern wolltest, dir gegen deinen Willen hinterhergereist sind. Ob es dir nun gefällt oder nicht: Alles, was du angehäuft hast, bleibt bei dir wie ein treuer Freund, der dir immer und überallhin folgt. Und du wirst diesen »Sack« voller Aspekte vor dir haben, die du verschwinden lassen möchtest; von Situationen, die du ändern und Problemen, die du lösen willst. Unsere Probleme kommen oft von unseren geistigen Gewohnheiten. Haben wir erst einmal einen Standpunkt gewonnen, bewahren wir ihn in unseren »Karteien« auf, ohne uns noch weiterhin um einen besseren Gesichtspunkt zu bemühen. Wie könnten bemerken, daß wir angesichts einer bestimmten Art von »Problemen« immer die gleiche Art von »Gedanken« anwenden. Wenn du versuchst, anders zu denken, wirst du wahrscheinlich leichter eine Lösung finden oder entdecken, daß viele sogenannte Probleme in Wirklichkeit gar keine sind. Die Lösung liegt also nicht darin, ein für allemal sämtliche unangenehmen Gedanken zu entfernen, indem du so tust, als ob sie nicht existierten. Sie würden dich dann nur früher oder später von neuem quälen. Es handelt sich vielmehr darum, diese Gedanken nach und nach durch andere zu »ersetzen«, mit Nachsicht und ohne dich in der Eile zu verspannen. Vielmehr solltest du Verstand und Herz öffnen, um bei einer positiven Haltung zu bleiben, die dir erlaubt, über die Grenzen deiner Probleme hinaus zu sehen, jenseits der Wolkenbarriere, die dich von der Sonne trennt.«

-37-
CRONY

»Wenn nur dein Herz in der Ferne hören könnte.
Wenn nur der Duft der Rose,
die ich für dich gepflückt habe,
dir so nahe kommen könnte,
daß er dich in einer Umarmung umfängt.
Und wenn deine Augen sich an ihrem Glanz entzünden könnten.
Kann ich mit Worten ihre Schönheit beschreiben
und sie dir bringen – um sie dir zu schenken?«

WÖRTLICHE BEDEUTUNG: Alter Freund.

Ein »alter Freund« ist ein unersetzlicher Gefährte, der oft mit uns ein Stück des Weges teilt. Wir haben keine Schwierigkeiten, ihm etwas zu verzeihen; von ihm nehmen wir Ratschläge an und manchmal auch einen Tadel hin. Und mit ihm teilen wir vertrauliche Dinge und einen Teil unseres Herzens.

HERKUNFT: Im Unterschied zu vielen anderen Naturgeistern lebt *Crony* bequem in den Häusern der Menschen, die er jedoch sehr sorgfältig auswählt. Es scheint so, als ob dieser Kobold eine gewisse Vorliebe für die Häuser von Schriftstellern hätte, besonders von Fabel-Erfindern und Autoren von Abenteuer- oder Phantasie-Erzählungen. Aber ob es sich um Autoren handelt oder nicht, seine Aufgabe ist es jedenfalls, in den Menschen eine größere Aufmerksamkeit für den Sprachgebrauch zu erwecken, von dem er sagt: »Oh weh, sie müssen sie halt benutzen.«

Oft sitzt er unsichtbar zwischen Stapeln von Aufzeichnungen auf Schreibtischen, wo er mit Neugier die Gedanken der Menschen beobachtet, die wie feine Rauchsignale dem veränderlichen Rhythmus ihres kreativen Schwungs folgen.

Oder er spaziert pfeifend in jenem unvermeidlichen Durcheinander, das häufig die Künstler begleitet, zwischen den auf Schreibtischen herumliegenden Dingen auf und ab.

Manchmal enthüllt sein Lächeln die unbekümmerte Ironie seines humorvollen Geistes, wenn die kreative Ader seines »Schützlings« sich gefährlich auf Abwege begibt. Viele erfolgreiche Schriftsteller haben, ohne es zu wissen, seine klugen Vorschläge befolgt; seine originellen Lösungen haben ihnen oft geholfen, die unvermittelt auftauchenden Flauten zu überwinden, in denen die Handlung einer Geschichte sich manchmal festfahren kann.

BOTSCHAFT: »Ich möchte dir von den Wörtern erzählen, die so leicht aus dem Munde der Menschen kommen, daß diese inzwischen ihrer Sprache nicht mehr die nötige Aufmerksamkeit widmen. Jedes Wort ist wie ein Pfeil, der vom Bogen der Gedanken abgeschossen wird. Wer sie abschießt, ist jedoch auch für sie verantwortlich, damit sie nicht wie wilde Pferde frei in alle Richtungen davonstieben und in ihrem Schwung das, was sie antreffen, über den Haufen rennen. Wörter können Freude oder Mut bringen; sie können Hoffnung und Liebe schenken, aber auch Angst und Leid verursachen, und oft bleiben sie im Herzen dessen, der sie erhält, noch lange lebendig.

Sie sind die universellen Schlüssel unserer Gedanken; die Sprache, die sie ausdrückt und miteinander in Verbindung setzt und sie manifest und aktiv werden läßt.

Jedes Wort sollte daher wie eine Note sein, die ihren genauen Platz in der Harmonie eines Musikstücks einnimmt. Diese Musik kann lieblich oder mächtig, bedeutungsvoll oder anonym beziehungsweise hart und schrecklich sein, je nach »Anschlag« und dem Mosaik von Noten in der Partitur.«

EMPFEHLUNG: »Dein Gedanke sollte klar und bewußt die Worte, die du benutzen wirst, auswählen, denn diese sind eine Manifestation der Gedankenenergie; sie sind ihre Überträger, durch die ein Gedanke sich manifestiert.

Und diese Energie ist umso stärker, je mehr du dich konzentrierst.

Möge deine Willenskraft aus dem Herzen kommen, damit das, was du sagst, nicht heftig überfließt wie ein Fluß beim Hochwasser der Emotionen, der Wut und der Impulsivität der gewöhnlichen Gefühle. Mögen deine Worte, wenn möglich, eine Umarmung der Seele sein und die Liebe und die Wahrheit überbringen, die du im Herzen trägst.«

-38-
TODDLER

»Du süßes Wesen, ich suche dich auf tausend Wegen,
die von Illusionen gepflastert sind.
Ich rufe dich in der Verwirrung der Gedanken,
die nach Ruhe suchen, nach einer tröstlichen Pause verlangen.
Deine Stimme höre ich,
wenn ich auf mein Herz zugehe,
wenn ich den einzigen Weg gehe, der zu dir führt.
Wenn ich in deinem Tempel ankomme
und seinen stillen Frieden betrete;
wenn ich das Leben annehme, das überall
von deinem Namen widerhallt.«

WÖRTLICHE BEDEUTUNG: Kleinkind.

Typisch für diesen Lebensabschnitt ist die Neugier, die alle Kinder gemeinsam haben, nicht nur die der Menschen. Die Neugier ist ein Impuls, den das Leben uns schenkt, damit wir es kennenlernen und ihm in seinem unaufhörlichen Lauf und Tanz folgen können.

HERKUNFT: *Toddler* gehört zu einer Familie von Kobolden, die es vermögen, während ihres langen Lebens ein kindliches Aussehen zu bewahren. Die Nähe der Menschen stört diese Kobolde nicht, die vielmehr neugierig wie Kinder unser Verhalten beobachten. Dabei ahmen sie zu ihrem Vergnügen Haltungen nach, die sie nicht immer verstehen, aber sehr komisch finden. Ihre Nähe zu den Menschen ist jedoch kein Zufall; sie entspricht vielmehr einer wichtigen Aufgabe, die sie gern und mit großer Liebe erfüllen. Sie leben mit Vorliebe in sonnigen Ebenen und weiten Landschaften, haben jedoch keine Angst vor Straßen und anderen Bauten der Menschen. Es kann sogar geschehen, daß sie einen angenehm »eingerichteten« Garten wählen, um in den Zweigen eines Baumes zu leben. Ihre genaue Herkunft ist jedoch unbekannt.

BOTSCHAFT: »Wenn das, was du Schicksal nennst, plötzlich von dir verlangt, ohne Zögern einen Weg einzuschlagen, den es dir vorschlägt, und dir das ein wenig Angst macht, weil dieser Weg von deiner gewohnheitsmäßigen Route abweicht, dann gib mir die Hand und lächele dem Neuen zu, wie damals, als du begannst, die ersten Schritte deines Lebens zu tun und es mit Enthusiasmus zu erforschen. Schritt für Schritt werde ich dich sanft lehren, dich umzusehen und all das zu entdecken, was die neue Situation mit sich bringt, ohne ihr Widerstand entgegenzusetzen und ohne Angst zu haben. Wenn das Leben dir eine unerwartete Änderung bringt, so tut es das, weil es dich etwas lehren will, was dich, wenn du es annimmst, reicher, bewußter und zum Gewinner machen wird. Auch wenn diese Veränderung plötzlich kommt und alles anders verläuft als erwartet, ist das die richtige Einstellung. Jedesmal, wenn das Leben zu dir sprechen und dir einen unbekannten Weg zeigen will, dann lerne von neuem mit einem kindlichen Geist vorzugehen, der mit Vertrauen und Verwunderung im Herzen etwas kennenlernen will.«

EMPFEHLUNG: »Sehr selten wissen die Menschen mit der rechten Einstellung neue Situationen, die sie nicht gewählt haben, oder plötzliche Veränderungen in ihrem Leben zu meistern. Leider bereiten sie sich oft darauf vor wie auf eine Schlacht; mit dem Ergebnis, daß sie viel Energie im Kampf nutzlos verschwenden. Häufig fehlt daher jene innere Einstellung, die ihnen ermöglicht, diese »Schicksalsschläge« mit Einverständnis und einer gewissen Dosis gesunder Neugier zu betrachten. Am Ende fühlen sie sich enttäuscht, erschöpft und überwältigt von der Ungerechtigkeit einer solchen »Unvermeidlichkeit«; sie sind unfähig, in der neuen »Landschaft« etwas Positives zu sehen. Manchmal gleiten die Veränderungen sanft in unser Leben; viele von ihnen sind sogar von Anfang an angenehm. Weil kein Leiden dabei ist, merkt man nicht, daß man auch bei dieser Gelegenheit eine Entscheidung getroffen hat. Dabei treffen wir dauernd Entscheidungen auf unserem Weg, nur daß wir uns dessen meist nicht bewußt sind – und das ist auch richtig so. Hast du jemals darüber nachgedacht? In jedem Moment deines Lebens, von dem Augenblick an, in dem du dich entscheidest, morgens aus dem Bett zu steigen, triffst du eine Entscheidung: Ob du an der Ampel anhältst, was du anziehen oder was du essen sollst. Aber das geschieht automatisch, fast unmerklich. Es belastet dich nicht in deinem Tagesablauf. Wenn dir hingegen eine Entscheidung sehr schwierig vorkommt und schon allein der Gedanke, sie zu treffen, dir Angst macht, dann frage dich, ob du nicht in Wirklichkeit gerade eine Veränderung in dir verweigerst, etwas, das die Sicherheit zum Schwanken bringt, die du dir aufgebaut hast; etwas, das Angst hat, ein Fenster zu öffnen und ein neues, unbekanntes Panorama zu sehen. Aber gerade in diesem Moment könntest du versuchen, aus diesem Fenster zu schauen und jede Kritik, jedes Vorurteil beiseite zu lassen, um stattdessen diese neue Vision als eine Möglichkeit des Wachstums, der Überwindung und der Herausforderung deiner selbst anzunehmen. Du könntest dem Leben vertrauen und zulassen, daß es dich – manchmal - bei der Hand nimmt. Dann wird jede deiner Entscheidungen, auch die, einem neuen Weg nicht zu folgen, eine Veränderung bedeuten.«

-39-
WINK

»Und du wirst mit nackten Füßen
über das frische grüne Gras gehen,
das noch feucht vom Morgentau ist
und zart wie Seidenfäden
in der leichten Berührung der Brise
wogt und in einem Schauder erzittert,
bevor die Sonne kommt,
deren Kuß es erwartet.«

WÖRTLICHE BEDEUTUNG: Zeichen, Augenzwinkern.

Oft sind die Signale, durch die wir miteinander kommunizieren, Teil eines universalen Schlüssels, der es uns ermöglicht, einander jenseits der Sprachen und verschiedenen Kulturen zu verstehen. Das Lächeln zum Beispiel ist bei allen Völkern ein spontanes Signal der Kommunikation, wie ein Schreckensschrei, ein Gähnen, Weinen oder das Zwinkern, das gewöhnlich eine stillschweigende Übereinkunft - eine Geste des Verstehens zwischen zwei Personen - anzeigt.

HERKUNFT: Er ist ein Kobold von eher nomadischer Abkunft, man könnte ihn auch einen fahrenden Gesellen nennen. Es ist fast unmöglich, den Ort seiner Herkunft zu erfahren, weil man überall über ihn spricht, auch wenn er in den unterschiedlichen Ländern der Welt verschiedene Namen hat. Bei seinen zahlreichen Reisen hat er die lebenden Wesen und besonders die Menschen als Geschöpfe der vielen Aspekte und Möglichkeiten gut kennengelernt und hat in ihnen eine natürliche Neigung zum Komplizieren der Dinge entdeckt sowie eine gewisse innere Trägheit, sie zu lösen.

BOTSCHAFT: »Es ist so einfach, und dennoch sind die Menschen fähig, die Fäden des Webrahmens derart zu verwirren, daß ein harmonisches Verweben zwischen Schuß und Kette unmöglich wird! Ich habe die Erfahrungen aller Lebewesen angehört, und jedes von ihnen, sei es groß oder klein, hat gezeigt, daß es sich seiner Natur bewußt war und die ihm zugedachte Rolle akzeptierte. Und in jedem von ihnen, ob Beute oder Jäger, lebt die gleiche ausdrückliche Lebensfreude. Meine Aufgabe ist es, dir dabei zu helfen, dieses natürliche Gleichgewicht wiederzufinden, wenn du merkst, daß das Leben sich verwirrt wie ein Knäuel Wolle, mit dem ein Kätzchen spielt. Ich habe die Aufgabe, dir beim Wiederfinden des Anfangs zu helfen, des Hauptfadens in diesem Knäuel, oder des Wesentlichen, nämlich deiner Bedeutung im unendlichen Ozean des Daseins. Vielleicht hilft es dir, dich zu erinnern oder nicht zu vergessen. Jedenfalls liegt das Geheimnis, das du suchst, in der Einfachheit. Sie ist das goldene Schlüsselchen zu deinem Garten, einem wunderbaren inneren Garten, von dem dein Stolz dich zu oft fernhält.«

EMPFEHLUNG: »Vielleicht merkst du manchmal, daß du gerade dein Leben lebst, ohne dir bewußt zu sein, welchen Platz du darin einnimmst, und daß dir du auf dem Weg die Taschen mit unnützen Dingen füllst, die vielleicht ein Fünkchen Stolz dir wichtig erscheinen lassen. So sammelst du Verhaltensweisen und Gedanken, die nicht zu dir gehören. Vielleicht bestehst du auch darauf, die Rolle von jemand anderem zu spielen, um dich nicht verloren zu fühlen. Wenn du merkst, daß es so ist, solltest du näherkommen und beobachten, wie sich die Geschöpfe verhalten, die die Natur beherbergt und in ihrem Schoße nährt. Sie singen beständig das Lied der Dankbarkeit für das, was sie empfangen, und der Freude desjenigen, der einfach seine Rolle im großen Kreis des Lebens akzeptiert hat. Deine Rolle wird dir von deinem Herzen eingegeben, wenn du es annimmst, den Weg zu gehen, der zu deinem Geist führt; die Rolle, in der du am Leben jeder Blume in deinem Garten teilnimmst, in der du dich nicht mehr getrennt von deinem Leben oder als Zielscheibe deiner negativen Gefühle siehst. Die einfache Annahme deiner selbst ist der goldene Schlüssel, den du besitzt, um das Tor zu deinem Garten zu öffnen. In diesem Garten wachsen herrliche Bäume, die du noch nicht kennst, und Blumen, die nur du züchten kannst. Nur du kannst sie aufpropfen und verwandeln, neue Pflanzen anbauen und andere wegnehmen, den Eingang verschließen oder ihn wie zur Ankunft eines besonderen Gastes schmücken und vorbereiten. Du kannst deinen Garten zum Blühen bringen, wenn du ihn pflegst, oder ihn in eine Wüste verwandeln. Wenn du es akzeptierst, dein eigener »Gärtner« zu werden, wirst du entdecken, daß deine Aufgabe denen vieler anderer ähnelt; dann wirst du mehr Verständnis und Hilfsbereitschaft für die anderen entwickeln und weniger kritisch gegenüber ihrer Arbeit sein. Und so wirst du in der Verantwortung deiner Rolle den Weg gehen, auf dem das Leben dich erwartet, und während der Reise wirst du merken, daß dieser Weg sich in einer Spirale windet, die sich ins Unendliche des Himmels ausdehnt.«

-40-
WIZEN

»Ich habe den Himmel
mit dunklen Wolken überzogen,
um dich deinen Blick
auf der Suche nach der Sonne
zum Himmel erheben zu lassen.«

WÖRTLICHE BEDEUTUNG: Runzlig, verrunzelt.

Oft liegt eine tiefe Schönheit auf einem von der Zeit gezeichneten Antlitz. Ihre Spuren zeichnen ein von Tau besetztes Spinnennetz auf dieses Gesicht, dessen Züge wie von innen heraus leuchten. Dieses von Falten durchzogene Antlitz, das jede Erinnerung an die Straffheit der Jugend verloren hat, scheint von einer Ausstrahlung umwittert, in der die von der Seele eroberten Eigenschaften leuchtend hervortreten.

HERKUNFT: *Wizen* sieht aus wie ein runzliger, aber sehr freundlicher Alter, in dessen Antlitz die Augen einer weisen, zufriedenen Seele strahlen. Als Wohnstätten bevorzugt er die dunkle Ruhe der Höhlen, die sich unter der Erde in tausend Gängen verzweigen. In diesen geheimnisvollen Labyrinthen bewahrt die Erde Dunkelheit und Stille; sie reichen bis an die Stelle, wo ihr langsamer, tiefer Atem entsteht, der im Rhythmus des Universums schwingt. Dort verbringt *Wizen* ganze Tage damit, den »inneren Stimmen« all der Lebewesen zuzuhören, die auf ihrer Oberfläche leben; manchmal handelt es sich um die heiteren inneren Dialoge der Bäume oder die hohlen Gesänge der Berge, manchmal auch um die Stimmen erschreckter, trauriger oder fröhlicher Tiere. Ein andermal wiederum sind es die inneren Stimmen der Menschen, denen *Wizen* in seiner Intimität der Stille lauscht und die sehr unterschiedliche Stimmungen ausdrücken, oft verwirrt und verworren, seltener auch fröhlich und heiter.

BOTSCHAFT: »Ich habe deine Stimme und die Worte, die sie mit sich trug, gehört; sie hat mich in meiner Stille erreicht. Diese Worte baten um das Geschenk eines Lichts, um die Beklemmung des Herzens und darum, den bis ins Zentrum der Erde vordringenden Schrei deiner Ängste zu beruhigen. Die Angst hält den Herzschlag der Menschen an, indem sie die Illusion einer großen Dunkelheit schafft, in der das Nichts sichtbar wird. Und diese angstvolle Dunkelheit trennt sie von dem Licht, in dem sie ihr Geist ungeduldig erwartet. Die Angst gleicht einer Wolke, die für kurze Zeit die Sonne verdeckt. Aber eine solche Dunkelheit ist nichts anderes als ein vom Licht geworfener Schatten, der dein Herz täuscht und den Weg blockiert, auf dem deine Seele sich befindet. Aber eine Wolke vor der Sonne muß sich wieder auflösen; das gleiche geschieht auch mit deinen Ängsten. Kämpfe

nicht gegen sie an, denn sie dienen dir dazu, daraus zu lernen. Sie sind die
»Gelegenheiten«, die deine Seele vorgesehen hat, um sich aus den engen
Kleidern zu befreien, die sie schon seit zu langer Zeit trägt, und um sich
nach und nach des Lichtes bewußt zu werden, das sie durchdringt, damit sie
schließlich in Freiheit ihr Ziel erreichen kann.«

EMPFEHLUNG: »Viele unserer Verhaltensweisen kommen aus seelischen
Zuständen, die manchmal mit großem Geschick Ängste verschiedenster Art
verbergen. Ängste sind manchmal sehr schlau darin, sich zu maskieren, und
es ist nicht leicht, sie zu erkennen, weil sie sich von der Illusion der Dunkelheit nähren, in der unsere Sicherheit verlorengeht.

In der Angst wird die Seele leer, weil sie unfähig zur rechten Antwort ist.
Und der Verstand schafft zur Antwort auf diese Ängste Verhaltensweisen,
die jedoch irgendwo in uns eingesperrt bleiben, um unvermittelt hervorzu-
brechen und uns den Atem zu rauben. Viele »mutige« Menschen denken,
sie könnten sie besiegen, wenn sie sie durch ein aggressives Verhalten den
anderen und sich selbst gegenüber ersetzen, aber manchmal springt aus diesem Dunkel plötzlich etwas Unerwartetes hervor. Manche von uns verschließen sich hingegen in sich selbst und lassen die Außenwelt »draußen vor der
Tür«.

In unserer Angst davor, daß wir bittere oder enttäuschende Erfahrungen
machen könnten, verschließen wir oft den Zugang zu wichtigen inneren
Erfahrungen. Oder wir machen für unsere Ängste traumatische Erfahrungen verantwortlich, von denen wir uns angeblich nicht lösen können. Wir
fragen uns jedoch nur selten, warum wir dieses Trauma erlebt haben und
wieso wir nicht in der Lage waren, uns dieser bestimmten Situation zu stellen. Meistens »speichern« wir das erlebte Trauma sofort, um möglichst lange
den Moment hinauszuschieben, in dem wir uns einem Aspekt von uns stellen müssen, den wir verweigern oder Angst haben zu akzeptieren. Er ruft
uns aus einer weit entfernten Vergangenheit, um uns zu befreien und unser
Bewußtsein auf eine höhere Stufe zu heben. Die Dunkelheit wird durch
Licht vertrieben; sie verschwindet nicht dadurch, daß wir »unsere Augen
verschließen«.

Deine Ängste sind nicht deine Feinde, sondern nur Stellen der Seele, in
denen das Licht nicht hell genug scheint. Dieses Licht benötigst du, um es

in die hintersten Winkel deiner Seele zu tragen, indem du an seine Macht glaubst, an seine Fähigkeit, deinen Körper, dein Herz und deinen Verstand zum Leuchten zu bringen, indem du daran glaubst, daß es allmählich die Wolken auflösen wird, die die Sonne verdecken und Schatten auf deinen Weg werfen.«

-41-
YORE

»Wie schön du bist.
Aus welchen entfernten Welten bringst du mir Klänge.
Wahrscheinlich bewahrt dein Herz das Licht der Sterne
und birgt darin eingeschlossen die Erinnerung.
Du hast meine Träume bis heute gewiegt;
jetzt, wo mich deine Stimme ruft,
jetzt, wo ich bereit bin, nach ihnen zu suchen.«

WÖRTLICHE BEDEUTUNG: In alten Zeiten.

Die Erinnerung an die Vergangenheit ist wie eine Fackel auf dem Weg in die Zukunft. Im Gedächtnis sollte jedoch nur der Wert der Traditionen, das Ergebnis der Erfahrungen und die Lehren, die die Ereignisse der Vergangenheit uns hinterlassen haben, bewahrt werden. Gefühle der Wut und der Sehnsucht ziehen die Vergangenheit sinnlos in die Gegenwart hinüber. Im Wunsch, die eigenen Rechte durchzusetzen und wieder ins Leben zu rufen, was nur in jener Zeit einen Grund hatte zu existieren, lebt man nur eine Illusion der Zukunft.

HERKUNFT: Aus einer längst vergangenen Zeit, als etwas geschah, das den Verstand der Menschen verdunkelte, und als die Erde sich in Schweigen hüllte. Seit jener Zeit hüten die Kobolde die in den Höhlungen unserer Welt verborgenen Kristalle. Diese außerordentlichen Steine sind die verlorenen Träume der Menschen, die sie vielleicht oft für wertvoll hielten, weil sie sich unbewußt mit ihnen verbunden fühlen.

BOTSCHAFT: »Meine Aufgabe ist es, Kristalle zu hüten, die durchsichtigen Steine, in denen die Menschen vor langer Zeit ihre nächtlichen Träume zurückließen. Diese Träume waren Gesänge der Harmonie, in denen alles mit dem Glanz des Lichtes überzogen war, in denen Einheit herrschte und sich das Antlitz Gottes spiegelte. Die Menschen jener Zeit wußten, daß sie alle Gedanken desselben Gottes und in ihm verwirklicht waren. Und die Erde ernährte sie, weil das Unendliche ihr diese Aufgabe zugewiesen hatte, und sie tat es mit großzügiger Liebe, während die Menschen sie mit der gleichen Liebe pflegten und ihr Geschenke darbrachten. Wenn der Tag sich in der Nacht ausruhte und die Sterne am Himmel leuchteten, träumten die Menschen selig in dieser Harmonie; ihre Träume waren Gesänge der Freude, aus denen die Schönheit entsprang, die Gott allen Dingen geschenkt hatte. Die Erde lauschte jede Nacht der Musik dieser Träume und versiegelte sie am Morgen, damit sie nicht verlorengingen, in vielfachen Formen von intensiver Farbe, in denen sie in ihrem ganzen Glanz lebten. Wenn daher die Sterne am Himmel leuchteten, blitzten die verdichteten Träume ringsum in ihrer bunten Transparenz auf. Das alles war wunderschön; bis es sich änderte und Eiseskälte die Vernunft der Menschen verfinsterte. Die Erde sah sich gezwungen, die Träume des Lichts tief im Herzen ihrer Berge zu verstecken. Und die Menschen vergaßen sie. Heute kommen diese Kristalle zurück, um im Herzen der Menschen die uralte Erinnerung an jene Einheit wieder zu erwecken, und ihre Worte, falls man sie hört, werden aus Licht, Frieden und Liebe bestehen.«

EMPFEHLUNG: »So kamen die Geister, denen die Erde die Aufgabe anvertraute, jene kostbaren Träume zu hüten, bis der Moment kommen würde, in dem die Menschen sich erinnert und verstanden hätten. Kristalle sind nicht nur schöne Objekte oder Geschmeide, mit denen man sich schmücken kann, um seine Eitelkeit zu befriedigen oder sie für improvisierte Talente zu benutzen. Sie haben die Anmaßung des Menschen bereits kennengelernt. Diese Zeit ist jetzt vorbei. Die dem Kristall innewohnende reine Bewußtheit wartet darauf, dir helfen zu können; er bittet nicht darum, »benutzt« zu werden. Der Kristall mit all seiner Energie ist ein verdichteter Lichtstrahl. Wenn daher ein »magischer Stein« bei dir ist oder du einen auswählen willst, so tue es mit Liebe und Respekt; frage ihn vor allem, ob er bereit ist, mit dir Liebe und Erkenntnis auszutauschen. Eitelkeit und Anmaßung schlafen lange im Herzen des Menschen; sie liegen jedoch immer auf der Lauer, um ihn mit dem kurzlebigen Erfolg improvisierter Fähigkeiten zu reizen. Ein Talent allein kann nicht heilen oder Wunderbares schaffen, wenn es nicht von dem Bewußtsein begleitet wird, Teil und Vermittler des Lichts zu sein, das zu besitzen wir uns manchmal im Recht fühlen.«

-42-
SPINDLE SHANKS

»Liebe und atme
langsam,
tief und
freudig
das Leben ein.«

WÖRTLICHE BEDEUTUNG: Langbeinig, dünne Beine.

Wer lange, dünne Beine hat, kann meist schneller auf sein Ziel zugehen. Im übertragenen Sinn kann dies eine Metapher sein, die auf einen beweglichen Verstand und die von der Willenskraft hervorgebrachte Bewegung hinweist.

HERKUNFT: Er scheint auf die Erde gekommen zu sein, weil er vom Echo einer Stimme transportiert wurde, die ihn wie ein Ruf angezogen hatte. Sein Name geht wahrscheinlich auf seinen seltsamen Gang zurück, mit dem er sich schnell hier und dorthin begibt, wobei er immer auf den Zehenspitzen geht.

BOTSCHAFT: »Ich habe eine Stimme gehört, die von weither kam. Wie die Flügel eines Vogels stieg sie hoch in den Himmel auf, um dann plötzlich wieder herab zu stoßen oder wie schwebend dahinzugleiten und auf die Antwort einer Strömung zu warten, die ihn noch höher und weiter tragen würde.

Diese melancholische Stimme schien zu suchen und noch einmal zu suchen; sie wurde traurig und qualvoll. Ich habe die Stimme an silberne Notenfäden gebunden und eine zarte, süße Musik für sie komponiert. Und zum ersten Mal schwieg die Stimme und hörte zu. Jetzt schwebte sie in der Luft in den Armen des Windes, wie ein schöner Drachen, den ein Kind gut festhält.

Die Musik verbreitete sich über die Felder, Flüsse, Berge und in den Tälern bis zum Meer; und alles schien vor Licht zu vibrieren. Es war die Stimme deines Traums vom Glück, den ich getroffen hatte; für sie entstand mein Lied. Sie lauschte ihm und löschte ihren Durst an dieser Quelle des Lichts.

Erinnerst du dich an die Stimme deines Traums? Du hast sie so weit weggeschickt, daß du dich fast nicht mehr an sie erinnern kannst. Oft schlafen die Menschen in ihrem Traum vom Glück sehr tief, und während sie warten, ist ihr ganzes Leben nur in diesem Traum enthalten; es läuft voran wie das stürmische Wasser der Bergbäche.

Der Klang dieser Musik, den ich hierher zu dir gebracht habe, ist wie ein Regen aus frischen Tautropfen, die deine dürstende Seele laben und zum Leben erwecken. Das Glück ist nichts anderes als der Weg zum Herzen, den nur der finden kann, der im gegenwärtigen Augenblick zu schätzen weiß, was er hat.«

EMPFEHLUNG: »Der Traum vom Glück ist das ewige Trugbild eines Menschen, der sich in fortwährender Unzufriedenheit verliert. Wahrscheinlich weiß er nicht einmal, was Glück ist, also auch nicht, wonach er suchen soll, aber er sucht unaufhörlich danach.

Vielleicht ist es eine sehr tiefe und nicht sichtbare Sehnsucht, die ihn nie zufrieden sein und in Sorge auf seine Zukunft blicken läßt.

Die Sehnsucht der Seele, sich mit der Quelle zu vereinigen, mit der höchsten Freude, die sie geschaffen hat.

Wahrscheinlich muß der Mensch aus diesem Traum erwachen, um das Bewußtsein über seine Wirklichkeit wiederzufinden, jenseits der Befriedigung der Sinne, die in flüchtigen Genüssen schwelgen. Erst wenn der Mensch an jedem Augenblick ein subtiles Gefallen finden kann, wird er wissen, daß es keine Trennung gibt; daß in jedem dieser Augenblicke sich die Ewigkeit selbst fortwährend manifestiert und in jedem dieser Augenblicke die Essenz der gesamten Manifestation liegt; erst dann wird er das Glück kennenlernen.«

-43-
SPILLIKIN

»Auf imaginären Streitrössern
reiten meine Wünsche;
und auf ihnen erreichen sie dein Meer.
In das flüssige Gold, das sich in
einem Streifen am Horizont verliert,
taucht meine Willenskraft ein,
jauchzend vor Freude hüpft sie
über die weißen Spritzer ihrer
Wellen hinweg.«

WÖRTLICHE BEDEUTUNG: Holzstöckchen.

Ein kleiner Zweig, ein Stückchen Holz, das wir achtlos von einem Baum abbrechen, so klein, daß es uns unbedeutend erscheint. Und doch enthalten auch die kleinen Dinge ihr eigenes Geheimnis, wie der Zweig die Lymphe, die neue Blätter und Früchte entstehen läßt und nährt, oder der stumpfe graue Stein, der einen Diamanten enthält. Das bedeutet nicht, daß wir wie Spürhunde leben sollten, aber es lädt uns ein, wenigstens diese kleine Wahrheit in Betracht zu ziehen. »Spillikins« Name kommt von einem kleinen, feinen Zweig, den er immer zwischen den Zähnen hat und dessen originellen Geschmack er offensichtlich genießt.

HERKUNFT: Er wohnt seit Urzeiten auf den grünen Höhen gewisser zentraler Regionen in Südeuropa. Die sanften Hügel erinnern an die Wellen eines grünen Meeres von zarter Vegetation und dichter Macchia, unterbrochen von schattigen Ebenen, die sich am Horizont in blauem Dunst verlieren. »Spillikin« wird auch der »Kobold der Reisenden« genannt, die manchmal in Einsamkeit seine Gefilde durchqueren, und die er diskret manchmal lange Strecken weit begleitet. Einige von ihnen schwören, ihn gesehen zu haben; andere behaupten sogar, sie hätten seine leichten Schritte neben den ihren gehört und sich lange mit ihm unterhalten.

BOTSCHAFT: »Meine Aufgabe ist es, dich zu beschützen und jedesmal auf deinem Wege zu begleiten, wenn dein Blick sich auf einen weit entfernten Punkt richtet und den Horizont auf der Suche nach seinem Ziel absucht. Ich richte mich an den Reisenden, der manchmal in dir erwacht; an jene Unruhe, die unvermittelt jeden deiner Gedanken aufgreift und den sehnlichen Wunsch weckt, das Gold zu erreichen, das sich beim Sonnenuntergang zwischen den Wolken entzündet, um der abenteuerlichen Reise der Sonne zu folgen.

Wenn du sein Geheimnis erfahren willst, dann brich auf. Wenn du die Wahrheit suchst, laß dich nicht aufhalten und bleibe nie stehen. Wenn manchmal ein kleines Hindernis dich zum Stolpern bringt und dich stehenbleiben läßt, so geschieht das nur, um dir einen Moment des Nachdenkens einzugeben, um deinen Blick auf etwas zu lenken, das du offensichtlich vernachlässigt hattest; um dich daran zu erinnern, dein Herz zu fragen; um

159

zu prüfen, ob es seine aufrichtige Stimme ist, die du hörst, während du auf der Suche nach deinem Ziel weit voraus in dein Leben schaust und auf deiner Fahrt aufmerksam den Horizont beobachtest, um das »Gelobte Land« deines Herzens zu finden.

Werde also zum Kapitän deines Schiffes; aber um das zu tun, mußt du jedes Element gut kennenlernen, aus dem es besteht, und deine Mannschaft lieben. Du darfst die Welle, die dich einmal nach oben, ein andermal nach unten trägt, nicht als Feind betrachten.«

EMPFEHLUNG: »Wir sind alle in einem gewissen Sinn Reisende, oder wir sind es zumindest einmal, wenn auch nur kurz, gewesen. Einige von uns sind es jedoch aus innerer Einstellung. Der Reisende »aus Berufung« ist oft von einer verschleierten Melancholie erfüllt, hat aber nicht selten hohe Ideale. Man erkennt ihn an seinem leicht vorwärts gebeugten Gang und seinem Blick, der über die Dinge und Personen hinausgeht, ohne jemals wirklich bei ihnen zu verweilen. Er ist immer unzufrieden mit dem, was er auf seinem Weg entdeckt, und schaut voraus in der Gewißheit, das, was er sucht, in weiter Ferne zu finden. Er ist sich jedoch nicht immer im klaren darüber, was er eigentlich sucht. In einigen Menschen liegt eine fortwährende Erregung, eine Art Fieber, das sie immer unzufrieden sein läßt; sie können es kaum erwarten, die Route zu ändern, auf der sie sich gerade befinden, um einer anderen mit dem gleichen Enthusiasmus zu folgen, bis auch sie eines Tages den richtigen Weg finden werden. Wenn du glaubst, zu dieser großen Familie der erwartungsvollen Sucher mit den geflügelten Füßen zu gehören, so triffst du wahrscheinlich früher oder später auf den amüsierten Blick von »jemandem«, der dir mit einem ironischen Lächeln sagen will, daß das, was du so mühsam suchst, vor deiner Nase liegt und nur darauf wartet, von dir entdeckt zu werden.«

-44-
PILGRIM

»Ich habe die Liebe
aus deinen Augen blitzen gesehen.
Dieses Geschenk war für mich
kostbarer als jede andere Gabe,
auf die mein Verlangen hoffen konnte;
denn ich habe
in deinen Augen für eine Moment
meine Seele freilassen können.«

WÖRTLICHE BEDEUTUNG: Pilger.

Ein Pilger ist ein Mensch, der eine lange Reise zum heiligen Ort seiner Anbetung unternimmt. Jede innere Reise kann daher als Pilgerreise gelten; jede Reise, die wir mit offenem, bereitem Gemüt unternehmen, um die Heiligkeit des Lebens zu entdecken.

HERKUNFT: *Pilgrim* ist ein Kobold jugendlichen Aussehens (auch wenn es in Wirklichkeit unmöglich ist, das Alter eines Kobolds festzulegen), von gutmütigem, freundschaftlichem Temperament, der dennoch ein Einzelgänger ist. Er kommt aus den südwestlichen Regionen Europas, wo man ihn mit ein wenig Glück auf seinem Weg durch die Berge sehen kann. Die Einwohner der Gegend achten ihn sehr; sie bringen ihm abwechselnd kleine Geschenke dar, für die er sich immer schnell revanchiert. Mit seinem Stock als einzigem Begleiter durchläuft *Pilgrim* jeden Tag lange Strecken des weiten Territoriums, das ihn beherbergt. Er beginnt seine Reise, wenn der Nachthimmel im Osten erblaßt und sich mit lebhaftem Violett überzieht. Manchmal hält er auf seinem Wege an, um sich um ein Geschöpf zu kümmern, das seiner Hilfe bedarf - ein Baum, der zu faul ist, aufzuwachen, ein verletztes Tier oder ein Blume, die zu schüchtern ist, um sich zu öffnen; und für alle hat er das Richtige und ein Lächeln, das sich im Herzen einprägt.

BOTSCHAFT: »Wenn die Sonne am Horizont untergeht und das nahende Ende eines weiteren Tages ankündigt, sitze ich versunken auf einer Anhöhe, und mein Blick verliert sich für ein Weilchen in den Farbspielen des Sonnenuntergangs. Von diesem Ort des Friedens aus kann ich den Atem des Herzens der Menschen hören, der bis hier oben reicht, um ein wenig Trost und Frieden zu finden. Die Atemzüge des Herzens sind Bitten um Liebe, die wie bunte Schmetterlingsflügel leicht in der Luft schweben und sich zögernd für nur wenige Sekunden niederlassen, um dann sofort wieder weiterzufliegen und in der Ferne zu suchen. Suche in den Augen dessen, der dich von nahem anschaut, und du wirst deinen eigenen Wunsch finden. Sei fähig, mit Einfachheit ein Herz zu lieben, das allein in der Stille schlägt. Es ist nahe bei dir, wird aber zu oft nicht wahrgenommen. Laufe nicht los, um die Bäume des Waldes zu kurieren, wenn du dazu die Blumen der Wiese zertrampelst.«

EMPFEHLUNG: »Manchmal macht der Wunsch, Gutes zu tun, dich blind und läßt dich weit weglaufen; dorthin, wo du denkst, deine Hilfe werde benötigt; wo mehr Leid zu sein scheint. Dabei übersiehst du jedoch den Hilfeschrei in einem Augenpaar in deiner Nähe, das gerade deinen Blick zu erhaschen versucht. Vielleicht gehört es zu jemandem, den du auf der Straße triffst, zu einem Arbeitskollegen, der dir nicht einmal besonders sympathisch ist, oder zu einem Freund; jemand, der auf dich wartet und den du in deinem Eifer, das Leiden der Welt zu lindern, übersiehst. Der Wunsch, so weit zu laufen, kann manchmal eine Laune des Egos verbergen oder die Anmaßung, um jeden Preis helfen zu müssen, auch denen, die es gar nicht wollen. Großzügigkeit kann sogar in der Stille des Gebets für Leute, die nicht bereit sind, sie anzunehmen, erdrückend werden. Unsere Erwartungen sind oft der Entwicklungsstufe desjenigen entgegengesetzt, dem wir helfen wollen, und auch gutgemeinte Handlungen können seinen Fortschritt blockieren oder sogar schädigen. Auch wenn wir selbst es sind, die eine Geste der Liebe suchen, müssen wir großzügig und demütig auch die kleinste ehrliche Hilfe zu akzeptieren wissen, wenn sie von Herzen kommt. Großzügigkeit fließt aus einem Herzen, das sich von Vorurteilen und eintönigen moralischen Phrasen frei macht, um als Pilger die Seelenreise anzutreten. Auf dieser Reise wird es die Wichtigkeit der kleinen Dinge kennenlernen; seine Füße werden die Blümchen am Wegesrand nicht achtlos niedertrampeln. In dem Augenblick, wo die Sonne im Westen untergeht und ihren letzten feurigen Pfeil abschießt, nimmt *Pilgrim* die Liebeswünsche der Menschen in seine Hände und bläst sie mit leichtem Hauch nach oben, hoch in den Himmel, wo sie sich, frei und glücklich, mit den Gedanken aller Geschöpfe vereinen können, die in dieser großzügigen Liebe dankbar die Einzigartigkeit ihrer Existenz leben.«

-45-
JACK-ROOFING-TILE

»Die Worte meines Liedes
verlieren sich wie Sterne
in dieser klaren Winternacht.
Es sind kleine Fünkchen,
die die Kraft des Feuers
aufrechterhalten.
Worte der Magie, die zu
deinem zitternden Herzen sprechen,
während der Tag schläft und in
der ruhigen Dunkelheit träumt.«

WÖRTLICHE BEDEUTUNG: Jack-Dachziegel.

Außer der Bedeutung des Abdeckens, in der der Ziegel bei der Dachkonstruktion verwendet wird, ist mit dem Wort »Dachziegel« im übertragenen Sinne ein plötzliches, unerwartetes Unheil gemeint. Ein unabwendbarer Zwischenfall, der uns »zwischen Kopf und Nacken« gestürzt ist, während wir nichtsahnend unseren jeweiligen Beschäftigungen nachgingen.

HERKUNFT: In seinem Aussehen erinnert dieser Kobold an eine alte Eule, die durch ein brüskes Erwachen aufgestört wurde. Aber es sieht nur so aus. Hinter seiner ein wenig säuerlichen Art des alten Brummbärs steckt in Wirklichkeit die offenherzige Wahrheit seiner Weisheit.

Einige von uns brauchen, um es ehrlich zu sagen, manchmal eine Abreibung und ein Ohren-Langziehen.

Niemand weiß, woher er kommt. Man weiß jedoch, daß er sich von den warmen, gemütlichen Häusern der Menschen auf dem Land angezogen fühlt, in denen er sich im Winter gern ausruht und die Wärme eines prasselnden Kaminfeuers genießt. Und dort beim Feuer, aber für die Menschen unsichtbar, verfaßt *Jack-Roofing-Tile* seine Lieder. Er sitzt bequem in einer Ecke des Kamins und singt mit rauher, aber auch sehr sanfter Stimme seine Lieder. Und ihre seltsamen, zauberhaften Melodien steigen mit den Fünkchen der knisternden Holzstücke in den Kamin hinauf. Sie verbreiten sich am Himmel wie der Rauch in einer klaren, eisigen Winternacht.

In der Ruhe der Dunkelheit, wenn im Schlaf alle Geschäftigkeit des Tages ruht, lauscht die Seele der Menschen, nunmehr frei von den Störungen und Ängsten des Tages.

BOTSCHAFT: »Meine Aufgabe ist es, die Menschen an den Wert der Demut zu erinnern, wenn – wahrscheinlich unbewußt – ihr Stolz die düsteren Farben der Anmaßung annimmt und sie sich so den Zugang zu den Pforten des Himmels selbst verwehren.

Allzu oft lassen sich die Menschen von seinem königlichen Mantel einhüllen und, abgestumpft von ihrer falschen Sicherheit und falschen Distanz, auf den Thron der Eitelkeit setzen. Aber dieser Mantel verbirgt auch ihre Ketten.

Die Anmaßung kann dich auf tausend subtile Arten in Versuchung bringen; sie kann sich verstecken, so daß du sie nicht mehr in dir erkennst. Demut ist weder Feigheit noch Unterwerfung oder Resignation. Sie ist eine Qualität der Seele, die sich ohne Verkleidung durch falsche Bescheidenheit als Teil der universalen Seele erkennt, mit den Gaben, die Gott ihr verliehen hat und dem Bewußtsein ihrer Individualität.

Demut ist tiefe Aufrichtigkeit mit sich selbst; sie ist die Stimme, die dich anhalten läßt, um ihr zuzuhören, die Augen, in die du zu sehen vermagst. Das soll dein königlicher Mantel sein. Dein Reich ist das Reich unseres Schöpfers. Biete ihm dein Zepter an – und du wirst dich daran erinnern, daß du Flügel hast, um zum klaren Himmel hinaufzufliegen, der dich erwartet.«

EMPFEHLUNG: »Frage dich ab und zu, ob du dir deiner Worte und Taten wirklich bewußt bist. Die Aufrichtigkeit des Herzens gilt nicht nur für deine Beziehungen, sondern betrifft auch, viel näher, dich selbst. Demut ist keine Geisteshaltung oder ein Verhalten, das du lernen kannst, sondern vielmehr ein Geschenk, das die Seele erhält, wenn sie sich offenlegt. Und der Körper begleitet diese Nacktheit, indem er Gefühle, Gesten, Gedanken und seine wichtigsten Bedürfnisse wiederfindet; wobei auch er sich alles Flitters entkleidet und in der Einfachheit seine Lebensfreude wiederentdeckt. In dieser wiedergefundenen Originalität kannst du dich so sehen, wie du bist; du kannst deine Fähigkeiten sowie auch deinen Wert wiedererkennen. Diesen Wert mußt du nicht mehr vorzeigen, weil du das Zentrum erreicht hast, aus dem eine heitere Sicherheit ausstrahlt, die dein Herz heimlich begehrte. Mit der Zeit wirst du immer mehr in der Lage sein, die »Kurzschlußhandlungen« des Stolzes zu erkennen und dasselbe mit ihm machen, was du auch mit jemandem tust, der dich mit viel Lärm stört: Ihn bitten, still zu sein!«

-46-
VOGELFINK

»Mein Atem wogte in Wellen
unendlichen Friedens.
In Wellen vielfacher Klänge,
die aus der ersten Schwingung entstanden.
Und Herz und Ohr
nahmen sie dankbar auf.«

WÖRTLICHE BEDEUTUNG: Vogelfink.

Es wird nie langweilig, dem melodiösen Gesang der Finken zuzuhören. Dieser kleine Vogel moduliert seine Klänge in perfekter Harmonie; er schenkt dem lauschenden Ohr den Genuß ihres Zusammenspiels. Das Geheimnis einer harmonischen Stimme liegt im Gleichgewicht des Atems, der den Geist beruhigt und die emotionalen Reaktionen unter Kontrolle bringt, die aus aufgeregten, ängstlichen Gedanken entstehen.

HERKUNFT: Er ist anscheinend auf dem Rücken eines kleinen Finks auf die Erde gekommen und teilt mit diesem Vögelchen seine Art zu reden, die sehr dem Zwitschern ähnelt.

BOTSCHAFT: »Ich möchte dir dabei helfen, ein kostbares Juwel wiederzufinden, das du seit langem verloren hast und nach dem du dich zutiefst sehnst. Jedes Ding hat offensichtlich zwei Seiten, die voneinander verschieden und entgegengesetzt sind. Beide sind jedoch Teil einer einzigen Wirklichkeit, der einzigen Quelle, aus der alle Flüsse des Universums entspringen. Das Dunkel und das Licht, Tag und Nacht, Anfang und Ende, oben und unten; sie alle spiegeln sich ineinander. Das sind die Spiele des Verstandes, der sich in seinen Gedanken selber täuscht. Alles ist Eins. Das ist die Wirklichkeit. Dualität ist die Einheit, die sich teilt, um sich zu offenbaren, aber die Zwei setzt immer die Eins voraus, wie die beiden Hände, die sich auf der Brust im Gebet vereinen.«

EMPFEHLUNG: »Die gleiche Dualität, die wir in der Natur beobachten oder auf den verschiedenen Ebenen der Schöpfung erahnen können, zeigt sich offensichtlich auch im Menschen. Wahrscheinlich hast du schon öfter einmal einen inneren Kampf in dir bemerkt, einen Kontrast zwischen zwei entgegengesetzten Kräften, der deinen Geist störte und es dir sehr schwer machte, ein Gleichgewicht zu finden. Es ist nicht so, als ob die eine Kraft das Gute und die andere das Böse verkörperte, noch ist es so, daß die eine besser und die andere schlechter wäre; denn sie sind die beiden Schalen einer Waage, miteinander verbunden und zusammengehalten von einer Stange in der Mitte, die sie beide hochhält. Daher kann das eine nicht ohne das andere auskommen; in dem Impuls, der das eine zum anderen treibt, liegt die Suche nach dem Gleichgewicht, dem Ausgleich, die Suche nach der Harmonie. Harmonie ist wirklich überall, wo sie sich einstellt, ein Ausdruck des Gleichgewichts. In der Natur finden wir eine ständige Enthüllung und einen Ausgleich von Kräften, die einander entgegengesetzt zu sein scheinen, aber wer fähig ist zu beobachten, findet ihr Geheimnis heraus; denn alles, was außen geschieht, geschieht auch in unserem Inneren, und alles ist miteinander verbunden wie Perlen an einer Kette oder wie die Kreise, die sich im Wasser bilden, wenn wir einen Stein hineinwerfen, oder wie die Wellen, die Klänge transportieren. Einatmen und ausatmen, männlich und weiblich, geben und nehmen – alles ist vollkommen erschaffen worden. Der Körper des Menschen reproduziert diese Waage, er ist das Buch, in dem das Geheimnis des Gleichgewichts geschrieben steht. Wenn der Mensch in der Lage ist, die Gegensätze in Einklang zu bringen, die sich in ihm streiten, die Kräfte zu vereinen, die ihn scheinbar zu teilen versuchen, wenn er merkt, daß das, was er als Dualität wahrnimmt, in Wirklichkeit nur Erscheinung ist, wenn er sich also seinem inneren Zentrum annähert und fühlt, wie in ihm Harmonie entsteht, dann wird er mit dem Zentrum der Schöpfung selbst in Kontakt sein, mit der Quelle, aus der alle Flüsse des Universums entspringen. Er wird das Werk eines großen Alchemisten vollbringen. Erst dann wird er sich in der Einheit wieder vereinigen und von neuem ein Mensch sein können. Der Mensch hat, als er sich vor den beiden Waagschalen befand, geglaubt, er müsse oder könne eine davon wählen; damit schuf er das Ungleichgewicht, das ihn geteilt und von der Harmonie des Universum getrennt hat. Deshalb muß unsere Arbeit jetzt vom Zentrum ausgehen, sozusagen von unserer Wirbelsäule; der Grundlage also, die die beiden Hälften des Körpers abstützt. Und von diesem neuen Gesichtspunkt aus werden wir unsere Dualität beobachten und verstehen können, daß die einzige Wahl, die es zu treffen gilt, die ist, alles wieder zu vereinigen, was von uns selbst und unserer wahren Essenz getrennt ist. Die Figur eines Menschen mit ausgebreiteten Armen ist wie ein Symbol der Waage oder des Kreuzes; und der Punkt, an dem sich die Horizontale mit der Vertikalen vereint, liegt beim Herzen, dem Zentrum der Gefühle und der Liebe. Die Liebe ist die große Kraft, die alles zusammenhält, das Prinzip, das jede Trennung aufhebt, die Grenzen auslöscht und die Mauern unserer Begrenzungen einreißt. Die Liebe, die wir erlernen müssen, damit in jedem von uns das Gleichgewicht entstehen kann, das wir so mühsam suchen, damit jeder von uns zu einem harmonischen Klang, einem Lied der Freude werden kann."

-47-
JABBER-UNCLE

»Ich bot dir das Feuer meiner Sonnenuntergänge
und die vom Wind bewegten Baumkronen.
Ich bot dir die goldene Stille meiner Wüsten
und die magischen Schatten, die sich im Mondlicht erstrecken.
Ich bot dir den Tanz der Wolken am Himmel
und den Schaum der auf dem Meer dahineilenden Wellen.
Ich bot dir das Lachen des Regens und den tiefen Gesang des Donners,
das Rauschen eines Wasserfalls, die weiße Reinheit des Schnees,
das Ungestüm des Sturms, den Frieden eines Sees.
Und du hast meine Geschenke angenommen,
während auf deinem Gesicht das schönste,
strahlendste Lächeln erschien.«

WÖRTLICHE BEDEUTUNG: Schwatzonkel.

Manche Leute reden sehr gern; es scheint fast, als ob sie nicht ohne einen unendlichen Redefluß auskämen. Wer allzu schwatzhaft ist, sozusagen im »Dauerfluß«, hat selten Zeit, sich über die Existenz seiner Gedanken klarzuwerden, die – ohne jedes Hindernis – direkt in den verfestigten Zustand der Worte übergehen. Der geplagte Gesprächspartner - als ausgewählte, vollkommene Zielscheibe - wird dabei oft unter den Personen ausgesucht, die eher diskret und ein wenig schüchtern und meist unfähig sind, dieser unaufhörlichen Wortlawine Einhalt zu gebieten. Tatsächlich verbirgt diese Art »Laster« manchmal eine gewisse Unsicherheit und vielleicht auch die Angst vor Stille und Einsamkeit.

HERKUNFT: Aus einer Gegend in Asien, wahrscheinlich im Norden des heutigen Indiens.

BOTSCHAFT: »Ich bin ein Naturgeist; zu den mir zugewiesenen Aufgaben gehört auch die, Menschen wie dir zu helfen. Künstlern, die keine Inspiration mehr finden können – und sich daher nutzlos und verzweifelt fühlen.

Wisse jedoch, daß ein Künstler, wo immer er sich auch befinden mag, eine besondere Seele hat, die halb auf der Erde und halb im Himmel lebt, und nur wenn er den Kontakt mit der Hälfte verliert, die in dem lebt, was ihr Paradies nennt, können Engel und Lichtgeister ihn nicht mehr inspirieren. Du und ich, wir treffen uns jedesmal, wenn deine Gedanken über die Berggipfel fliegen; wenn du (wahrscheinlich unbewußt) versuchst, dich dem Himmel näher zu fühlen.

Jetzt, wo du es weißt, kannst du das, was du verloren hast, jedesmal wiederfinden, wenn du dich an unser Treffen erinnerst.

Inspiration ist ein Tropfen des Himmels, den du und andere auf die Erde bringen müssen, um ihn in eine Quelle frischen Wassers zu verwandeln, die den Durst aller empfindsamen, sich nach Schönheit und Wahrheit verzehrenden Seelen stillt.«

EMPFEHLUNG: »Wahrscheinlich bist du weder Musiker noch Maler oder Dichter – und doch ist etwas in dir, das dich angesichts der hinreißenden

Schönheit eines Sonnenaufgangs, des Klangs der Wellen, die sich am Ufer brechen, der Süße des Regens, der leicht auf die Blätter eines Baums trommelt, der Farbenpracht der Blumen, die die Wiesen im Frühling überziehen, der blauen Nacht und des Glitzerns der Sterne vor Bewegung erschauern läßt. Vielleicht kannst du diese Empfindungen nicht übersetzen und behältst sie bei dir; vielleicht können nur wenige die Empfindsamkeit spüren, die dich belebt. Und doch malen deine Gedanken wunderschöne Landschaften; sie komponieren Musik und tanzen mit beflügelten Füßen, während dein Herz sich in der Poesie verliert. Deine Gedanken erfassen die Schönheit, die das Leben herbeizaubert; sie sind – deine Talente.

Mache aus dir selbst einen ganz besonderen Künstler.

Male die Welt mit Gedanken der Freude; und die Liebe, die sie mit sich bringen, wird sich dort manifestieren, wo sie gebraucht wird; gemeinsam mit allen Gedanken der Liebe und der Schönheit von Seelen wie der deinen– das ist deine Schöpfung.«

-48-
LADY-LOBELIE

»Hier in deinem Palast liegen
herrliche, kostbare Zimmer,
weit, geräumig und glänzend.
Sie warten, noch unbewohnt, darauf,
daß du sie gemütlich machst.«

WÖRTLICHE BEDEUTUNG: Dame Lobelia.

Zur Art der Lobelien gehören einige Heilpflanzen, aus deren Wurzeln ein Mittel gewonnen wird, das wohltuende Wirkung auf die Atemwege ausübt. Sie werden daher in allen Fällen von Atemproblemen, Erstickung und nervöser Beklemmung eingesetzt.

HERKUNFT: Ihre Anwesenheit wurde manchmal von Personen wahrgenommen, die an die Existenz dieser wunderbaren Lichtwesen glauben; in Wäldern, besonders an den Punkten, wo die Vegetation am dichtesten ist und das Netz der Zweige nur sporadische Sonnenstrahlen durchläßt.

Dort ist der Wald am geheimnisvollsten; voller imaginärer Stimmen und uralter Wesenheiten. Es ist nicht jedermanns Sache, in so einen dunklen Wald vorzudringen, in dem die feuchte Luft schwer vom Geruch des Humus und der Moose wird, die sogar die Steine bedecken und sie damit schlüpfrig werden lassen. Und gerade da, wo sich die Spuren der Trampelpfädchen im Unterholz verlieren, sind Persönlichkeiten, Märchen und Geschichten aller Art durch die von dieser geheimnisvollen Atmosphäre angeregte Phantasie der Menschen entstanden. *Lady-Lobelie* ist ein ungewöhnlicher Waldgeist; sie wurde lange Zeit, wahrscheinlich wegen ihres Aussehens und eher seltsamen Benehmens, für eine Hexe gehalten. Ihre Originalität besteht darin, daß sie die meiste Zeit damit verbringt, ringsum zu fegen, Wurzeln und Blätter abzustauben und immer alles aufzuräumen und jedes Ding an seinen Platz zu stellen, wobei sie fröhlich vor sich hin singt. Die Menschen können gewöhnlich einen aufgeräumten Wald nicht erkennen!

BOTSCHAFT: »Ich wende mich an alle verwirrten und unordentlichen, oft ängstlichen und nervösen Menschen – diese Personen, die sich Ordnung nur als etwas Unangenehmes vorstellen können; die ihre Zeit damit verlieren, jedesmal wieder den Autoschlüssel zu suchen und wichtige Dinge vergessen, die unter Haufen von verschiedenen Objekten begraben sind; die nie das finden, was sie suchen. Hast du auch dieses außerordentliche Talent? Die Unordnung, die du in deinem äußeren Leben schaffst, spiegelt das Chaos, das in deinem Inneren herrscht. Glaubst du nicht, daß alles, was du überall verstreust oder irgendwo chaotisch anhäufst, daß der Staub, den du auf allen Dingen wachsen läßt, um die du dich nicht kümmerst, ein Zeichen für geringe Aufmerksamkeit und auch wenig Eigenliebe ist? Gefangener seiner eigenen Gedanken zu sein, ist nicht das gleiche, wie sich selbst gern zu haben. Manchmal ist man sogar so auf sich selbst und seine Sorgen konzentriert, daß man von seinen wirklichen Bedürfnissen nichts merkt und schließlich das vernachlässigt, was stattdessen gepflegt werden müßte, weil es von der nach Liebe rufenden Seele kommt. Also beschließe, von jetzt an etwas mehr Ordnung zu halten, und wirf alles weg, was du nicht mehr benötigst. Du wirst entdecken, daß du viele Dinge aufbewahrt hast, die inzwischen alt und unbrauchbar geworden sind. Viel Staub hat den Spiegel deiner Seele grau und stumpf gemacht. Strenge dich also an, reinige und bürste, bis dieser Spiegel wieder klar und glänzend wird und eine saubere, prickelnde Luft dich von neuem die Freude am Sein einatmen läßt.«

EMPFEHLUNG: »Auch wenn wir darauf achten, uns zu erklären, scheinen in unserem äußeren Verhalten oft spontane Verhaltensweisen durch, die sich unserer Kontrolle entziehen und sich fast selbständig machen in der Außenwelt, wodurch sie die Wirklichkeit unserer Innenwelt enthüllen. Wieviele Dinge von uns verstecken wir vor den anderen; wieviele Hilfsmittel benutzen wir, um vor den anderen so zu erscheinen, wie wir glauben, daß sie uns wollen, um immer bereit, unfehlbar und nach gemeinsamen Regeln gefällig zu erscheinen. Das Beste ist, daß wir alle das Gleiche tun und schließlich zu glauben beginnen, diese große Komödie, die wir da aufführen, sei die Wirklichkeit und stelle unsere wahren Gefühle und tiefen, von der Seele kommenden Bedürfnisse dar, die wir in unserer Unfähigkeit, sie anzuhören und offenzulegen, in uns verschließen. Wir sollten einmal darauf achten, wie wir uns benehmen, wenn wir allein sind und niemand uns beobachtet. Wie sehr doch unsere einfachsten Gesten sich verändern, wenn wir die Kontrolle lockern. Wie essen wir, wie bewegen wir uns und wie gehen wir, wenn uns niemand beobachtet? Wir könnten auch auf die Qualität unserer Gedanken achten und sie mit dem »Wesen« vergleichen, das wir zeigen, wenn wir mit anderen zusammen sind. Wieviel Unterschiede gibt es da? Das Bedürfnis, anderen zu gefallen, ist stärker, als wir denken; vielleicht ist nicht so sehr unsere Weisheit, sondern das der wahre Grund, warum wir unsere Gefühle verbergen. Wir leben nach der Regel des »Erhaltens«; daher stimmt das, was wir geben, mit dem überein, was wir wollen oder zu erhalten hoffen. Aber wie sehr gefallen wir uns selbst? Wieviele ehrliche Antworten sind wir bereit, uns selbst zu geben, inwieweit sind wir bereit, für uns liebevoll und großzügig zu arbeiten, um unsere Qualitäten zu entwickeln? Es gibt keinen idealen Zeitpunkt, um mit dieser Arbeit zu beginnen, weil der richtige Moment genau der ist, in dem wir uns wirklich bereit fühlen, mit der phantastischen Reise zu beginnen, in der wir uns selbst entdecken. Es gibt kein richtiges Alter, keinen besseren Platz, keine geeignetere Situation, auf die zu warten wäre. Wenn wir uns selbst treffen, können wir uns an die Hand nehmen und gemeinsam gehen; in dem Gefühl, daß alles, was wir wollen und das, was wir sind, das Gleiche ist. Und allmählich werden wir uns immer mehr mit dem schönen Bild unseres Geistes identifizieren. Dann wird die Welt ein anderes Aussehen annehmen. Wir werden uns weniger Sorgen um unsere Erscheinung machen, weil wir uns unserer Qualitäten bewußt sind. Und die anderen werden uns in einem neuen Licht sehen; vielleicht werden sich die »Regeln«, nach denen wir leben, immer mehr verändern, und wir werden es viel Vertrauen erweckender und angenehmer finden, wir selbst zu sein.«

-49-
ERDBEER

»Die Stimme des Flusses ruft mich.
Mein Herz eines Vagabunden und Entdeckers
bittet nun um Vertrauen und Ruhe.«

WÖRTLICHE BEDEUTUNG: Erdbeere.

Dieses kleine Pflänzchen ist bekannt für seine guten Früchte, die klein, rot und herzförmig sind und einen wohlriechenden, delikaten Duft verströmen. Es wächst wild in den Wäldern, unter niedrigen Büschen, wo es sich diskret versteckt; aufmerksame Augen können jedoch seine zarten, leuchtend roten Punkte ausmachen, die hier und da hervorlugen.

HERKUNFT: Seine Anwesenheit auf der Erde geht auf lang vergangene Zeiten zurück, an die die Menschen sich nicht mehr erinnern. Sicher ist jedoch, daß er aus einem Gedanken der Liebe entstand.

BOTSCHAFT: »Meine Aufgabe ist es, dein Herz jedesmal dann mit Zärtlichkeit zu erfüllen, wenn dein Blick in die Ferne gleitet, ohne einen Moment auf dem zu ruhen, der neben dir steht; jedesmal, wenn deine Hand bei der Andeutung eines Streichelns in Hast verfällt.

Zuneigung ist jenes delikate Gefühl, das eine sensible Seele verspürt, wenn sie den Fluß des Lebens in den Dingen um sich herum erfährt. Sie ist daher die Vorbedingung für eine Liebe ohne Eigeninteresse und für das Mitgefühl. Eine so empfindsame Seele fühlt den Impuls zu geben, weil sie das Leben und die Liebe selbst spürt, die wie ein Fluß in ihr strömen und die sie nicht halten kann; wie ein Fluß, der seinem Lauf nicht Einhalt gebieten kann und aus dem gleichen Wasser entsteht, das ihn an der Mündung erwartet. Deshalb bin ich hier, damit du dieses süße Gefühl - das unerläßlich ist, wenn man seine außersinnlichen Kräfte aktivieren will - erlernen und in dir selbst erfahren kannst.

Das ist die Liebe, die der Gott aller Dinge in alle seine Geschöpfe hineingelegt hat. Nimm wahr, wie sie sich in der Zartheit einer soeben erblühten Blume ausdrückt. Und nimm dieses Bild als Symbol für das an, was deine Seele gerade kennengelernt hat.«

EMPFEHLUNG: »Die Liebe will ohne Eile gelebt werden. Ihr Wert und ihre Kraft können nicht im Ansturm der Leidenschaft beurteilt werden. Du mußt deine Liebe mit Willenskraft, Intuition und aufrichtiger Hingabe an die geliebte Person fördern. Und vor allem solltest du deine Liebe durch ehrliches Nachsinnen und die Pflege deiner Gefühle wachsen lassen. Gerade diese Haltung wird dir den Wert einer Liebe zeigen, die du wahrscheinlich noch nicht kennst.

Und all das, was du in der Liebe gewinnst, wird nur ein Vorspiel zur unendlichen Liebe sein. Je mehr du sie in dir anwachsen fühlst, desto mehr wirst du ihre Unermeßlichkeit, Schönheit und Macht spüren und merken, daß du sie nicht in dir behalten kannst. Dann werden in dir die Zärtlichkeit, Freundlichkeit und Sanftheit erblühen, und du wirst ihre Macht entdecken, aber auch ihren Zauber, die wunderbare Alchemie, mit der jene Gefühle dich und durch dich auch das Herz der geliebten Person verwandeln können.«

-50-
LUST

»Gib mir deine Hand, laß uns zusammen tanzen.
Einmal sorgenfrei wie Kinder,
lachen wir und tanzen
und lachen von neuem.
Es ist der Tanz des Lebens, das feiern will.«

WÖRTLICHE BEDEUTUNG: Lust.

Die Lust ist ein unwiderstehliches Bedürfnis, eine überströmende und sehr intensive Erregung, wie die frische, prickelnde, kraftspendende Luft des Morgens oder des frühen Abends die Gedanken klar macht und das Gemüt anregt, schöne, angenehme Dinge zu tun.

HERKUNFT: Er lebt im Unterholz am Rande der Wälder; dort, wo die Bäume weiter auseinander stehen. Er liebt es, beim Schein eines Feuers oder im Mondlicht zu tanzen, und überhaupt liebt er alles, was in Heiterkeit und festliche Stimmung versetzt. Nicht selten findet man im Wald Kreise von dunklerem Gras; ein sicheres Zeichen dafür, daß hier vor kurzem Tänze stattgefunden haben. »Lust« gehört zu der großen Familie überschwenglicher, scherzhafter Kobolde, die unermüdlich überallhin rennen, um mit bunten Farben all die Grautöne zu übermalen, die man allzu häufig sieht.

BOTSCHAFT: »Ich will dir etwas ganz Besonderes sagen. Nur manchmal habe ich mich eines kleinen Scherzes bedient, um mich bei dir bemerkbar zu machen, wenn du so weit weg in deiner Welt der engen Regeln warst, die logisch und rational ist, in der du deine Ideen aufbewahrst und sie in perfekter, makelloser und strikter Ordnung organisierst, wie in einer staubigen Bibliothek, deren Eingang du aus Angst vor Eindringlingen unter strenger Kontrolle hältst; immer in Sorge, irgend etwas könnte deine aufgeräumten Regale in Unordnung bringen. Und doch dient manchmal das, was du irrational, unlogisch und sinnlos nennst, dazu, deinen Blickwinkel zu erweitern und die Mauer der strengen »Rationalität« zu durchbrechen, die die Farben zu weit abhält, als daß du sie noch bemerken könntest. Manchmal ist es nicht schlecht, einer kleinen Laune zu folgen, jener ein wenig verrückten, impulsiven Lust aus tausend kleinen Dingen, die dem Leben eine Prise Salz verleihen und dir seinen Geschmack zeigen können. Hast du jemals im Sturzregen getanzt oder eine Blume gekauft, um sie dem ersten, der vorbeiging, zu schenken? Bist du jemals, ohne dich zu entschuldigen, aus deinem Büro geflüchtet, um dir einen besonderen Tag zu gönnen? Hast du jemals bezweifelt, daß jenes kleine Lichtlein in der Ferne, das am Nachthimmel blinkte, ein Stern war? Die Erkenntnis dämmert herauf, wenn das Bewußtsein sich ohne Angst dem Neuen öffnet; auch wenn das Neue, das da kommt, leuchtend ist, hierhin und dorthin springt und einen kleinen spitzen Hut auf dem Kopf trägt.«

EMPFEHLUNG: »Einige Menschen sind so starr in der Verteidigung ihrer Ideen, daß sie niemals zugeben würden, wenn etwas anderes oder sogar Ungewöhnliches und Unerklärliches durch den dichten Vorhang von Regeln dringt, mit dem sie ihr Leben umgeben haben. In ihre Rüstungen vermummt, verteidigen sie mit aller Kraft ihre Vormacht, hinter deren Maske sie jedoch oft Vorsicht, Unsicherheit, Mangel an Vertrauen, Pessimismus und Mißtrauen verbergen. Oft bemerken sie dies jedoch nicht, sondern benehmen sich wie der Fuchs in der Fabel mit den Trauben; sie finden eine Entschuldigung, hinter der sie ihren Widerstand dagegen verstecken, einen Sprung ins Neue zu tun. Und dennoch, wenn wir unsere Verteidigungshaltung ein wenig lockern, merken wir sofort, daß es einfacher ist, als wir gedacht haben, und daß die, die wir für Feinde hielten, uns in Wirklichkeit Entwicklung und inneren Reichtum ermöglichen, wenn wir ihm nur Zutritt gewähren. Die Einsiedelei des Verstandes schließt die Seele aus der Welt aus. Das Leben ignoriert graue, stumpfe Farbtöne; es übersieht Unbeweglichkeit und Monotonie und benutzt tausend Hilfsmittel, um uns den Vorschlag zu machen, uns ein wenig zu entspannen und Urlaub zu nehmen; wenigstens solange, bis es uns etwas Wichtiges zeigen und uns aus der Eintönigkeit der Gewohnheiten befreien kann, wie man ein verstaubtes Zimmer verläßt, um ein wenig frische Luft zu schnappen. Und schließlich merken wir, daß auch die Rückenschmerzen weniger störend sind, seitdem wir uns mehr gehen lassen und weicher geworden sind.«

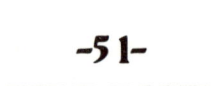

-51-
HICCUP

»Was ist der Weg?
Erinnerst du dich daran, wieviele Antworten
dein Verstand gefunden hat?
Daher habe ich dich gefragt:
»Was ist der Weg?«
Und du hast mir weinend geantwortet:
»Ich weiß es nicht.«
Aber deine Augen strahlten schon vor Freude,
denn in diesem Moment warst du in dein Herz eingetreten.
Genau in diesem Augenblick
hast du es gespürt, gesehen, getroffen und verstanden,
und du hast deinen Weg begonnen.«

WÖRTLICHE BEDEUTUNG: Schluckauf, Schluchzen.

Im übertragenen Sinn bedeutet *Hiccup* sprunghaftes Fortschreiten mit häufigen Unterbrechungen und viel Mühe. Dies ist ein Merkmal für die unbeständige Charakterhaltung einiger Personen. Schluchzen ist aber auch das Weinen, das aus dem Herzen aufsteigt und den Schmerz löst oder die Freude der unausgedrückten und zu lange verborgen gehaltenen Gefühle freiläßt.

HERKUNFT: *Hiccup* ist ein Schutzgeist, der auf den Ruf der alten hohen Waldbäume mit seinen kleinen Lichtbrüdern auf die Erde gekommen ist. Wenn man einen Wald betritt, hat man oft das Gefühl, beobachtet zu werden. Die Nachricht seiner Ankunft hat sich schnell durch ein geheimnisvolles Summen bis zu seinen Grenzen verbreitet.

Am Rand der Wiesen, dort, wo der Wald beginnt, gibt es Tore, die, für unachtsame Augen unsichtbar, geschickt hinter den Büschen versteckt sind. Diese Eingangstore, die den Wald umgeben, werden von Schutzgeistern bewacht, die den Bäumen die Ankunft von Fremden melden.

Tatsächlich sind die Bäume oft tief in Gedanken versunken oder auch damit beschäftigt, die vom Wind herbeigetragenen Botschaften aufzufangen; manchmal geschieht es, daß sie von dem Geräusch unbedachter Schritte gestört werden, die den Wald durchqueren.

BOTSCHAFT: »Allzu oft achten die Menschen nicht auf die Dinge um sie herum; ihre Gleichgültigkeit läßt sie ehrfurchtslos werden und den Sinn für Respekt verlieren.

Aber die Liebe lehrt wahre Achtung; sie erlaubt uns, das Gefühl zu entdecken, daß jedes Lebewesen wichtig und notwendig ist

Respekt ist die notwendige Konsequenz aus der Liebe. Es gilt auf die Bedürfnisse der anderen zu achten, ihre Anwesenheit schätzen und wahrnehmen zu können; die Anstrengung, die sie auf ihrem Weg unternehmen, zu entdecken und zu beachten und eine Geste der Liebe uns gegenüber annehmen zu können. Es gilt, zwischen den Zeilen zu lesen und unter den unausgesprochenen Worten einen Dialog der Liebe hören zu können.

Die Liebe ist das einzige Feuer, das den Wald nicht verbrennt.«

EMPFEHLUNG: »Respekt für die anderen ist im Grunde genommen der Respekt für ihre Freiheit. Wahrscheinlich ist es überflüssig zu sagen, daß Freiheit nicht bedeutet, das Recht zu haben, alles zu tun, was uns in den Kopf kommt. Der wahre Respekt ist die Freiheit des Geistes, nicht der, der einer formalen, höflichen Haltung entspringt.

Das wahre Recht auf Freiheit ist das des Seins; und dieses Recht müssen wir vor allem uns selbst zugestehen.

Erst wenn wir in uns die außerordentliche Wichtigkeit dieser Freiheit entdeckt haben, werden wir alles mit anderen Augen sehen, im Bewußtsein einer Wahrheit, die leider erst wenige erkannt haben.

Und diese Freiheit hat nichts mit den Idealen aller Art zu tun, denn in der unendlichen Freiheit des Seins gibt es keinerlei Utopie.

Alle Worte werden überflüssig, wenn man versucht, eine Wahrheit zu erklären; denn jede Wahrheit, die unser Geist im Augenblick der Einsicht wahrnimmt, muß auf individueller Ebene ausgelebt werden, persönlich und im richtigen Moment. Man könnte vielleicht sagen, daß jede Seele diese Wahrheit kennt und sich nur dazu entscheiden muß zu lieben, um sie zu erobern.«

-52-
COBBLER

»Ich bin lange gewandert, um dich zu suchen.
Auf unendlichen Wegen lief ich in der Hoffnung,
dich zu sehen. Aber jedesmal warst du weiter weg,
und jedesmal zerriß ein Faden, der mein Herz an
dein Herz gebunden hielt.
Bis plötzlich die Tränen den Schleier vor meinen Augen wegspülten
und ich begriff, daß du in der Nähe warst,
daß du immer in mir gewesen bist,
mich nährtest und liebtest,
während ich dich in der Ferne suchte.«

WÖRTLICHE BEDEUTUNG: Schuster.

Sein Name stammt wahrscheinlich aus einer alten Geschichte von einem Waldgeist, der seine Wohnstätte in einem kleinen Garten hinter dem Laden eines Schusters einrichtete. Dieser Schuster schwor, er habe von ihm sehr nützliche Dinge über das Leben der Pflanzen gelernt und im Austausch für diese Geheimnisse seinem kleinen Freund ein wunderschönes Paar Schuhe für seine winzigen Füßchen angefertigt.

HERKUNFT: unbekannt.

BOTSCHAFT: »Meine Aufgabe ist es, den Herzen der Menschen Verständnis für die Beziehungen einzugeben, in denen die Energien sich gegenseitig ausgleichen; wie in einem Garten, wenn die Liebe und Intuition desjenigen, der ihn betreut, in Form von Nahrung zu ihm zurückkehrt. Die Liebe ist die Hauptquelle jeder Energie, die sich im Universum bewegt.

Sonne, Wasser, die Erde und die Luft bringen in den Pflanzen jenen alchemistischen Verwandlungsprozeß hervor, der sie wachsen läßt. Die Liebe haucht ihnen die feinstoffliche Kraft ein, die sie wunderschön macht und schließlich die Energie der Menschen zu verändern vermag.

Deshalb ist es also wichtig, daß du die gleiche Liebe in dir trägst. Nur so kann die Transformation herrliche Früchte tragen.

Die Nahrung ernährt in Wirklichkeit nicht nur den physischen Körper, denn die Elemente, die er enthält, sind die gleichen, aus denen, wenn auch in immer feineren Vibrationen, alles im Universum zusammengesetzt ist.

Du ißt daher in Wirklichkeit Wasser, Feuer, Erde, Luft und Liebe, die vielleicht in einem schönen Salatkopf oder einem roten, duftenden Apfel sind. Sei dankbar für alles, was du auf deinen Tisch bringst und segne diese Speisen, die sich für dich geopfert haben; vergiß nicht, daß die Liebe die Hauptzutat in allem ist, was dich nährt.«

EMPFEHLUNG: »Wenn sich die Müdigkeit schwer auf dir niederläßt und dir Frische und Begeisterung wegnimmt, so daß sich deine gesamte Energie des Körpers auflöst, der steif und langsam wird, dann frage dich, ob du dir die richtige Nahrung hast zukommen lassen. Vielleicht hast du deinen Hunger mit Nahrung gestillt, aber das genügt nicht.

Die in der Nahrung enthaltene Energie ist wie die einer Batterie, die einen Motor antreibt; aber damit diese Energie in deinem „Motor" zirkulieren kann, um ihn aktiv und energiegeladen zu machen, mußt du dir dessen bewußt sein, was du ißt; dessen, was die Ernährung darstellt, sonst wäre es, als ob du eine Glühbirne mit zuviel oder zu wenig Volt anschalten würdest.

Aber allein die Ernährung des Körpers reicht natürlich nicht aus, um dir Freude und Lebenslust wiederzugeben. Dein verlorener Enthusiasmus benötigt eine besondere Nahrung, die deinen Geist mit der göttlichen Energie ernähren kann, von der du abgetrennt bist, seitdem du die Kanäle verschlossen hast, in denen sie kreist. Es sind deine feinstofflichen Kanäle, die deine Gefühle, dein Verständnis und deine Sensibilität durch die Speise des Vertrauens in die Liebe und die Weisheit deines göttlichen Vaters ernähren.«

-53-
VOGELFREI

»Smaragdene Tropfen glänzen
wie Spuren von undurchdringlichen,
verzauberten Pfaden. Deine Augen
dringen durch Wälder von leuchtenden Regenbögen,
ein zauberhaftes Flüstern enthüllt dir
die Geheimnisse der Welt,
wie die Federn von schneeweißen, unsichtbaren Flügeln,
die den Himmel durchstreifen
und das Herz erreichen.«

WÖRTLICHE BEDEUTUNG: Vogelfrei.

Wer einen rebellischen Charakter hat, akzeptiert nicht leicht Regeln und Auflagen. Daher hebt er manchmal ab und verzieht sich, wenn er keine anderen Auswege sieht oder eine Situation zu gefährlich und erdrückend für seine Freiheit wird. Ein rebellischer Charakter kann jedoch auch die Voraussetzung zu einem brillanten Verstand sein, der auf der Suche nach Wahrheit einen freien, kaum beeinflußbaren Willen entwickelt.

HERKUNFT: Die Legenden berichten, daß seine Stimme wie eine Vogelstimme zwitschert und seine Augen wie Tropfen der Nacht sind, die in einen Mondsee fielen. Seine Anmut sei wie Schmetterlingsflügel; seine leichten Schritte sind wie goldene Blütenblätter, die in der Brise der Sommerabende tanzen, als sei er auf der Erde aus den glänzenden Tautropfen eines klaren Morgens geboren worden.

BOTSCHAFT: »Mit leichtem Schritt, kreisend wie ein Vogel, besinge ich im Glanz eines neuen Morgens seine Herrlichkeit; ich tanze und feiere das Leben in immer neuem Staunen.

Wie ein freier, glücklicher Vogel bezieht mein Tanz alles bis zur kleinsten Kreatur in seinen Lebensrhythmus ein; in allen Geschöpfen erneuert sich das Leben in seiner Heiligkeit und der Schönheit seiner ständigen Wandlung. Kein Regentag ist dem anderen gleich; es gibt kein Morgengrauen, keinen Sonnenuntergang, der die gleichen Muster an den Himmel zeichnet; keine Rose, von der eine genaue Kopie besteht; kein Wasser eines Flusses, das immer das gleiche wäre.

Ein Blick, eine Wolke am Himmel, ein Händedruck, ein Gedanke, das Flüstern des Windes. Alles ist unwiederbringlich in seiner Einzigartigkeit; die erwachende Seele weiß die Nuancen zu erkennen und findet ihr Staunen wieder. Diese süße wiedergefundene Emotion, die jedes Ding und jeden vergänglichen Moment heiligt.

Und dein verstörtes Herz fließt über von Bewegung. Das Leben zu feiern, heißt Gott zu preisen; darum tanze mit mir in der Freude jedes neuen Morgens; dann gehe leichten Schrittes durch den Tag.«

EMPFEHLUNG: »Nach einer heiteren Nacht überrascht der erste Sonnenstrahl den Wald in einem verzauberten Moment seines Lebens.

Glänzend wie Diamanten bieten die Tautropfen ihr Schauspiel dem aufmerksamen und feinfühligen Zuschauer dar. Jedes Blatt, jede Blüte und jeder Faden eines schwebenden Spinnennetzes glänzt durch abertausende von klaren Tropfen, die wie Kristallprismen die Sonnenstrahlen in unzählige, ringsum vibrierende Farben des Lichts brechen. All das ist Magie. Der Zauber des Lebens ist in jedem Augenblick, eine perfekte Alchemie der Liebe und der Schönheit.

Und wie lange läufst du schon deinem Leben hinterher, als ob du weit weg flüchten und alles hinter dir lassen müßtest?

Die Hast deiner Eile erlaubt dir nicht, dich umzusehen; die Pausen, die du gezwungenermaßen einlegst, zeigen dir wahrscheinlich nur ein graumonotones Verstreichen von schrecklichen, sich wiederholenden Stunden. Seit wann kannst du keine Bewunderung mehr für etwas Schönes empfinden; besser gesagt, seit wann merkst du nicht mehr, daß es etwas Schönes zu bewundern gibt? Halte einen Augenblick inne, nur einen Moment. Kein Gold der Welt kann den kostbaren Besitz eines Moments aufwiegen, in dem deine Seele sich von der Herrlichkeit überwältigen läßt, die ihr in diesem Augenblick enthüllt wird.«

-54-
ZETTELANKLEBER

»Nichts wiederholt sich;
das, was du gestern zurückließest,
hat einen Faden an deine Zukunft geknüpft.
Nimm nur diesen Faden auf,
der sich in Spiralen in die Zukunft windet,
und lebe in der Fülle dessen, das dich trägt.
Was dir als unvermeidliche Grausamkeit der Zeit erscheint,
ist eine Treppe, die mit der ersten Stufe beginnt;
hier vor deinen Füßen.«

WÖRTLICHE BEDEUTUNG: Zettelankleber.

»Zettelankleber« ist der »Mann der Aushänge«, der geduldig Reklamezettel an Mauern klebt und die ganze Stadt mit bunten, geschickt gemachten Bildern und Buchstaben tapeziert, deren Inhalt oft, ohne daß wir es wollen, in unser Unterbewußtsein vordringt. So erreichen diese Botschaften, die uns gegen unseren Willen gefangennehmen, leicht ihren Zweck; und wir füllen mit Leichtigkeit und Zielstrebigkeit unsere Taschen und Börsen mit Dingen, die fast immer überflüssig sind.

HERKUNFT: Wer das Glück hatte, seine Stimme zu hören, schwört, daß dieser Kobold einen starken irischen Akzent hat, auch wenn er in den üppigen Wäldern Mitteleuropas wohnt. Aber wie man weiß, wird viel geredet; seine Herkunft ist noch Objekt von Studien und Diskussionen.

BOTSCHAFT: »Oft wird der Herbst als Beginn des reifen Alters für den Menschen, als ein melancholisches Vorspiel zur Unbeweglichkeit des Winters gesehen, in der jede Spur von Leben sich selbst vergißt und, in ihr Eis gehüllt, einschläft. Aber der Winter steht nicht für das Exil des Herzens; er ist eher ein Moment der Ruhe, in dem man nachdenken und alles aufarbeiten kann, was vorher getan wurde, um aus der Erfahrung zu lernen und bereit zu sein, wenn der Frühling mit Macht und neuen Vorschlägen zurückkehrt. Sei sorglos im Herbst des Herzens und empfange den Winter mit heiterer Freude. Sorglosigkeit ist die Fähigkeit, das Herz leicht zu machen; kein Eis, Wind oder Sturm kann lange genug dauern, um die Seele erfrieren oder vertrocknen zu lassen wie in der Wüste. Die Sorglosigkeit ist wie ein Sonnenstrahl.«

EMPFEHLUNG: »Hast du vielleicht gerade eine kleine Falte auf deinem Gesicht bemerkt? Welch einen Schreck jagen uns die ersten Zeichen des Alters ein, das sich nicht aufhalten läßt!. Wieviel Melancholie spiegelt sich auf deinem Gesicht, wenn du eine Erinnerung, einen Duft, eine Musik in der Luft wiederfindest; in einem Augenblick der Magie, die dir die Vision einer Jugend wiederbringt, in der du nichts als die berauschende Freude deiner Schönheit kanntest, in vollkommener Übereinstimmung mit dem festlichen Leben, das dir tausend Versprechen gab? In jener Jahreszeit warst du wie eine Knospe auf einem Zweig im Frühling, schwellend und gespannt, bereit, in all ihrer Kraft aufzuspringen, um sich der Sonne zu zeigen. Und doch biegt sich der Zweig, der dich immer noch trägt, unter einer neuen Kraft. Du bist jetzt das, was die Knospe stolz herzeigte, die herrliche Frucht, in der alle Versprechen der Knospe enthalten sind. Probiere die exquisite Süße, die du in dir hast, den Duft, der dich wie ein Streicheln umweht. Der Samen der Zukunft ist in dir gereift; er braucht deine Annahme und deine Weisheit, um den Zyklus fortzusetzen und mit einer neuen Bewußtheit einen weiteren Frühling wiederzufinden.«

-55-
WIT

»Ein Tag wird kommen, der kein Weinen sein wird,
wenn er zum Leben dieses Erdenabenteuers erwacht,
sondern ein frisches, überschäumendes, ansteckendes Lachen,
das die Seele mit sich bringt.«

WÖRTLICHE BEDEUTUNG: Intelligenz, Schwung, witzige Person. Eine scharfe Intelligenz ist gewöhnlich von einer guten geistigen Präsenz und einem feinen Sinn für Humor begleitet. Humor ist jedoch nicht immer von der lächerlichen, manchmal unpassenden Posse zu unterscheiden, die oft abgeschmackt und oberflächlich ist.

HERKUNFT: *Wit* ist ein nomadischer Kobold, der, obwohl sein Aussehen eher an das »kleine Volk« der Wälder erinnert, die zerklüfteten Küsten und einsamen Strände Südwesteuropas bevorzugt, an denen er gern spazierengeht und sich gelegentlich vor neugierigen Blicken zwischen den Klippen versteckt. Er verweilt für kurze Zeit in den kleinen Grotten, die das Meer bei Ebbe zurückgelassen hat, um von dort aus den Horizont zu beobachten und den Erzählungen der Wellen von weit entfernten Küsten und Inseln zu lauschen. Daher hat er unzählige phantastische Geschichten und Anekdoten gelernt, die er gern weitergibt. Er verleiht ihnen Farbe mit seinem erzählerischen Geschick eines Sängers, mit einer weichen, schmeichlerischen Stimme von einem leicht französischen Akzent, der seine Herkunft verrät. Und manchmal dringen seine Lieder bis in die Gedanken der Menschen mit poetischem, abenteuerlustigem Gemüt vor, die durch ihn plötzlich auf eine Inspiration stoßen.

BOTSCHAFT: »Auch wenn sie eine sehr scharfe Sicht haben, vermögen es die Menschen oft nicht, in jene in ihnen verborgene Region zu schauen, wo sorglos seit jeher ihr Kindergeist spielt. Auch ein Adlerauge zeigt dir nicht besser das Leben, es sei denn, in seinem äußeren Aspekt. Man braucht keine guten Augen, um die innere Vision zu erwecken, sondern nur die Bereitschaft zur Liebe und zur guten Laune, die dabei helfen, das Leben von seiner besten Seite zu sehen. Sinn für Humor ist ein Geschenk des Himmels, das du erhalten hast, um das Gewicht deiner Gedanken zu erleichtern. Er entspannt deine Gesichtszüge, die sich verkrampft haben bei dem Versuch, Wahrheiten zu verstehen, die in Wirklichkeit sehr einfach sind, und hilft dir, Heiterkeit und Begeisterung in deinen Erfahrungen zu finden, die du manchmal ein wenig zu schwer nimmst. Deine so ernste Haltung macht es dir nicht leichter, deine Erfahrungen zu vertiefen. Wenn du dir zu viele Sorgen um alle ihre möglichen zukünftigen Aspekte machst, ziehst du dich oft müde und verletzt vom Spiel zurück; von Regeln, die du selbst aufgestellt hast. Lerne, deinem Geist zuzuhören, wie er stattdessen in der Freude lebt. Du bist es, der entscheidet, von welchem Gesichtspunkt du das Leben betrachtest, ob du auf einer Klippe sitzenbleibst und auf klare Tage hoffst, an denen sich in der Ferne eine Küstenlinie abzeichnet, die du früher oder später erreichen wirst, oder ob du in See stechen und entschieden auf diese Trauminsel zusteuern willst. Bereit, das, was auf deiner Reise passieren wird, nach und nach mit dem richtigen Geist anzusehen. Bereit, die Dinge ab und zu dem lustigen, scherzhaften Kind in dir zu überlassen.

EMPFEHLUNG: »Humor ist ein göttliches Geschenk, eine herrliche Eigenschaft des Himmels, der über die bizarren Wolken lacht. Die Wolken verwandeln ihn nicht in seiner Essenz; das ist der Grund, weshalb der Himmel lacht und es sich in ihrer Gegenwart ohne Angst gutgehen läßt. Deine Seele kennt diese Wahrheit. Jede Erfahrung kann zu einer Quelle der Bereicherung werden, wenn sie auf die richtige Weise beurteilt wird. Wenn du sie beobachtest, bereit, sie nicht zu kritisieren, erlaubst du deinem Geist, mit Frische und Spontaneität in die Dinge einzudringen. Glaubst du nicht, daß das Leben dann zu einem schönen Abenteuer wird? Der Sinn für Humor wird so zu einem frischen Wasserfall, den der Fluß erzeugt, um zu neuer Kraft und neuer Energie für seine Reise zum Meer zu finden.«

EINE BESONDERE BEGEGNUNG

Sucht euch ein stilles Eckchen, wo ihr einige Minuten in Ruhe verbringen könnt. Entspannt euren Atem; laßt ihn tief und rhythmisch werden wie das Fließen der Wellen. Laßt alle Gedanken los, wie kleine weiße Wölkchen, die den blauen Himmel durchqueren und sich eine nach der anderen auflösen. So geht ihr sanft über die Schwelle des Verstandes hinaus. Vor euch liegt eine helle Landschaft. Grüne Hügel verlieren sich am Horizont wie die Meereswellen, die ihr scheinbar in der Ferne hört. Eine leichte Brise lädt euch ein, über das kühle Gras zu gehen, das sich weich unter euren Füßen biegt. Geht unbesorgt in diese Landschaft hinein und folgt der Spur des Pfades, der euch an einen Waldrand führt. Bleibt einen Augenblick stehen, bevor ihr hineingeht. Schaut, wie die Brise jetzt mit den Baumkronen spielt und Raum für die Sonnenstrahlen schafft. Weiter drinnen, versunken im grünen Glanz des Waldes, sitzt jemand zwischen den Wurzeln eines großen Baums, der euch zu erwarten scheint. Seine Finger spielen mit den Sonnenstrahlen; sie gleichen weißen Pferden, die in Erwartung ihrer heldenhaften Reiter mit den Hufen scharren. Es ist euer inneres Kind; ein ganz besonderes Wesen, das euch lächelnd in die Augen sieht. Stellt euch vor, ihr könntet es an solch einem wunderbaren, magischen Ort eurer Phantasie treffen, den ihr in irgendeiner Ecke der Vergangenheit zurückgelassen habt. Stellt euch vor, ihr setzt euch neben euer inneres Kind und fragt, was es in den ganzen Jahren des Vergessens gemacht hat. Jetzt kann euch niemand mehr trennen. Nehmt es bei der Hand; und während ihr mit ihm geht, um ihm euer Leben zu zeigen, lernt ihr, ihm zuzuhören, wenn es etwas zu sagen hat. Mit ihm könnt ihr lachen und das neue, herrliche Spiel des Lebens lernen. Habt keine Angst, euer Leben mit Enthusiasmus zu leben und in Freude euer Herz überströmen zu lassen. Ihr seid nie allein, seid es nie gewesen, auch wenn es euch manchmal so vorkam, und jedesmal, wenn es notwendig ist, trefft ihr »Jemand«, der bereit ist, euch die Hand hinzustrecken und euch auf eurem Wege zu begleiten. Ihr braucht nur darum zu bitten. Fühlt euch frei, Emotionen zu empfinden, die Harmonie der Welt zu spüren und die Herausforderungen anzunehmen, die das Spiel des Lebens euch vorschlägt. Fühlt euch frei, eure Irrtümer als Meister anzusehen, von denen ihr lernen könnt, ohne euch als geschlagen und resignierend zu empfinden. Seid frei in der Freude des Seins. Die Phantasie ist das Fahrzeug, auf dem Gedanken und Gefühl miteinander reisen, vereint in schöpferischer Kraft. Diese Kraft, die das Herz mit dem Verstand verbindet, kann zum Motor für jeden eurer Schritte werden; sie ist heilig, weil sie ein Akt der Liebe sein wird.

Ich wünsche euch, daß ihr die Schwelle eures Verstandes mit Hilfe der Phantasie zu überschreiten vermögt und ins Herz der Erde und in den wolkenschäumenden Himmel eintretet, um die Welt der inneren Reinheit wiederzufinden, in der es nichts Künstliches gibt, in der alles magisch ist.

Das Spiel zum Buch
55 Karten
in Schmuckschachtel

ISBN 3-89427-148-5